Oasen für die Sinne

Oasen für die Sinne

Stephanie Hauschild

Wie der Garten ins Wohnzimmer kam

THORBECKE

Bibliografische Information der Deutschen Nationalbibliothek
Die Deutsche Nationalbibliothek verzeichnet diese Publikation in der Deutschen Nationalbibliografie; detaillierte bibliografische Daten sind im Internet über http://dnb.d-nb.de abrufbar.

www.thorbecke.de · info@thorbecke.de

Dieses Buch ist aus alterungsbeständigem Papier nach DIN-ISO 9706 hergestellt.
Gestaltung: Finken & Bumiller, Saskia Bannasch, Stuttgart
Gesamtherstellung: Jan Thorbecke Verlag, Ostfildern
Printed in Germany
ISBN 978-3-7995-3535-9

Inhalt

Wie der Garten ins Wohnzimmer kam – *die verborgene Geschichte der Zimmerpflanzen*

Der Blick geht durch das Fenster einer Wohnung in der Amalien-Straße in Kopenhagen auf den Hafen. Der dänische Künstler Martinus Rørbye lebte dort seit 1816 gemeinsam mit seinen Eltern. Dass es sich um einen Künstlerhaushalt handelt, ist an den beiden Gipsabgüssen erkennbar, die zwischen den Blumentöpfen stehen. Auf literarische Interessen der Bewohner verweist das Buch auf dem Beistelltisch. Doch wer hat sich wohl um die in blitzsauberen Tontöpfen gepflanzten Gewächse gekümmert? War es die Hausfrau? Oder war es vielleicht der Künstler selbst, der die Fensterbank im Licht des frühen Morgens so malerisch wiedergegeben hat? Alle Stadien des Pflanzenwuchses führt Rørbye dem Betrachter vor Augen – vom Samen, der vermutlich in dem kleinen Topf rechts liegt, über den jungen Trieb in dem beschützenden Röhrchen und die noch kleine Agave bis hin zum bescheiden blühenden Kugelamarant und zu der in üppiger Blüte stehenden Hortensie.

Bei den dargestellten Topfpflanzen handelt es sich um altvertraute, schon fast ein wenig langweilige Gewächse, die noch heute in vielen Haushalten gepflegt werden und den allermeisten Betrachtern daher vertraut sein dürften. Doch woher stammen diese und die vielen anderen Gewächse, die so bereitwillig auf der Fensterbank wachsen und gedeihen? Und seit wann pflegen wir eigentlich Pflanzen im Zimmer? Es ist eigentlich kaum vorstellbar, dass es irgendwann einmal eine Zeit gegeben haben sollte, in der keine Blumentöpfe die Wohnung verschönerten oder keine Blumenzucht auf dem Fensterbrett den Alltag bereicherte. Dennoch malte der Künstler seine Gewächse gewiss nicht ohne Hintergedanken ausgerechnet vor einer Hafenansicht mit großen Segelschiffen. Er gibt uns damit einen ersten Hinweis auf die verborgene Geschichte der Zimmerpflanzen, um die es in diesem Buch geht. Denn die Gewächse, die er auf seinem Bild porträtiert hat, sind ausnahmslos Exoten mit einer sehr wechselvollen Entdeckungsgeschichte. So stammt der Kugelamarant aus dem tropischen und subtropischen Amerika. Obwohl er bereits seit dem 16. Jahrhundert europäischen Botanikern bekannt war, verbreitete sich der Kugelamarant erst seit dem 18. Jahrhundert in den botanischen Gärten und wurde daraufhin zu einer beliebten und häufigen Einjahresblume. Allerdings setzte die hohe Wärmebedürftigkeit der Pflanze ihrer Ausbreitung im Freien relativ enge Grenzen. Rørbyes Kugelamarantbüschel im Topf war offenbar schon damals eine Alternative zur schwierigeren Kultur im Garten. Auch die Agaven stammen vom amerikanischen Kontinent. Wie der Kugelamarant gelangten Agaven bereits im 16. Jahrhundert über Spanien in die Gärten ganz Europas. Im 17. und 18. Jahrhundert war die Agave als dekorative Schmuckpflanze geradezu in Mode und gehörte zur Ausstattung vieler repräsentativer Gartenanlagen. Das Exemplar auf Rørbyes Fensterbank ist jedoch noch klein und hat längst noch nicht die imposante Größe der Gartenexemplare erreicht.

Weniger noch als Kugelamarant oder Agave erscheint uns heute die Hortensie, die am linken Rand von Rørbyes Fensterbrett ihre Blüten ausbreitet, als reine Zimmerpflanze. Die auch als Bauernhortensie bekannte Hydrangea macrophylla ist ein heute etwas altmodischer, aber sehr dekorativer Strauch für den Garten. Blumenhandlungen und Gartenfachmärkte bieten pünktlich zum Beginn der Gartensaison vorgetriebene Pflanzen in verschiedenen Größen und Farben für jeden Geschmack an. Im 19. Jahrhundert war die Hortensie jedoch noch ein exotisches Gewächs aus einer fernen Welt. Die Vorfahren unserer Hortensie

Martinus Rørbye (1803–1848), Atelierfenster zum Hafen *Statens Museum for Kunst, Kopenhagen*

Tab. 52.

LINKE ABBILDUNG:
Blaue Hortensie (Otaksa)
Siebold, Flora Japonica (1835)

RECHTE ABBILDUNG:
Nelke *Weinmann, Eigentliche Darstellung (1735)*

stammen aus dem fernen Japan. Erst im späten 18. Jahrhundert kamen die ersten Exemplare nach Europa. In Deutschland als »Japanrose« bekannt, wurde sie berühmt wegen ihrer Blüten, deren Farbe zwischen Rosa und Blau schwankte. Im Botanischen Garten von Kopenhagen wurde die Hortensie erstmals 1789 kultiviert und gelangte von dort aus vermutlich über Baumschulen in die Gärten und auf die Fensterbänke der Bürger der dänischen Hauptstadt und so auch an das Fenster unseres Künstlers. Sie war die Lieblingsblume der Königin Luise von Preußen. Nach ihrem frühen Tod 1810 umpflanzte man ihre Grabstätte im Schlosspark von Charlottenburg mit Hortensien. Die damals bekannten Sorten waren noch nicht vollständig winterhart. In den zeitgenössischen Ratgebern heißt es daher, der Strauch solle im Winter in einem frostfreien oder mäßig warmen Zimmer untergebracht werden, doch könne er an einer geschützten Stelle unter Laubbedeckung auch im Freien überwintern. Im Verlauf des 19. Jahrhunderts gelangten weitere Sorten aus Japan nach Europa, darunter auch jene Gartenform, die der Botaniker und Japanforscher Philipp Franz von Siebold nach seiner japanischen Geliebten »Otaksa« nannte. Mit ihren großen ballförmigen, sterilen Blütenständen ist sie heute eine der am meisten verbreiteten Sorten.

Vor diesem historischen Hintergrund erhalten Rørbyes auf der Fensterbank aufgereihte Topfpflanzen eine weitere Bedeutung. Sie berichten nicht nur vom Werden und Vergehen allen Lebens oder schaffen einen Übergang vom gemütlichen Inneren der Wohnung zur weiten Welt draußen. Sie symbolisieren auch das Fernweh des Künstlers, das mit exotischen Gewächsen im behaglichen Wohnzimmer vielleicht ein wenig gemildert werden konnte, und sie erzählen dem interessierten Betrachter Geschichten von fernen Ländern und den Abenteuern ihrer Entdeckung. Denn aufregend ist die Geschichte der Entdeckung unserer Zimmerpflanzen und ihrer allmählichen Eroberung unserer Wohnungen auf jeden Fall. Im Unterschied zur Geschichte der Gartenkultur, für die ja raumwirksame Strukturen im Vordergrund stehen und die in den letzten Jahren in allen Facetten betrachtet wurde, hat man die weit weniger spektakulär anmutende Geschichte der Topf- und Zimmerpflanzen bisher nur wenig beachtet. Wie kam die Topfpflanze ins Zimmer? Welche Faktoren waren für das Eindringen der Grün- und Blütenpflanzen in unsere Wohnungen verantwortlich? Wie entwickelten

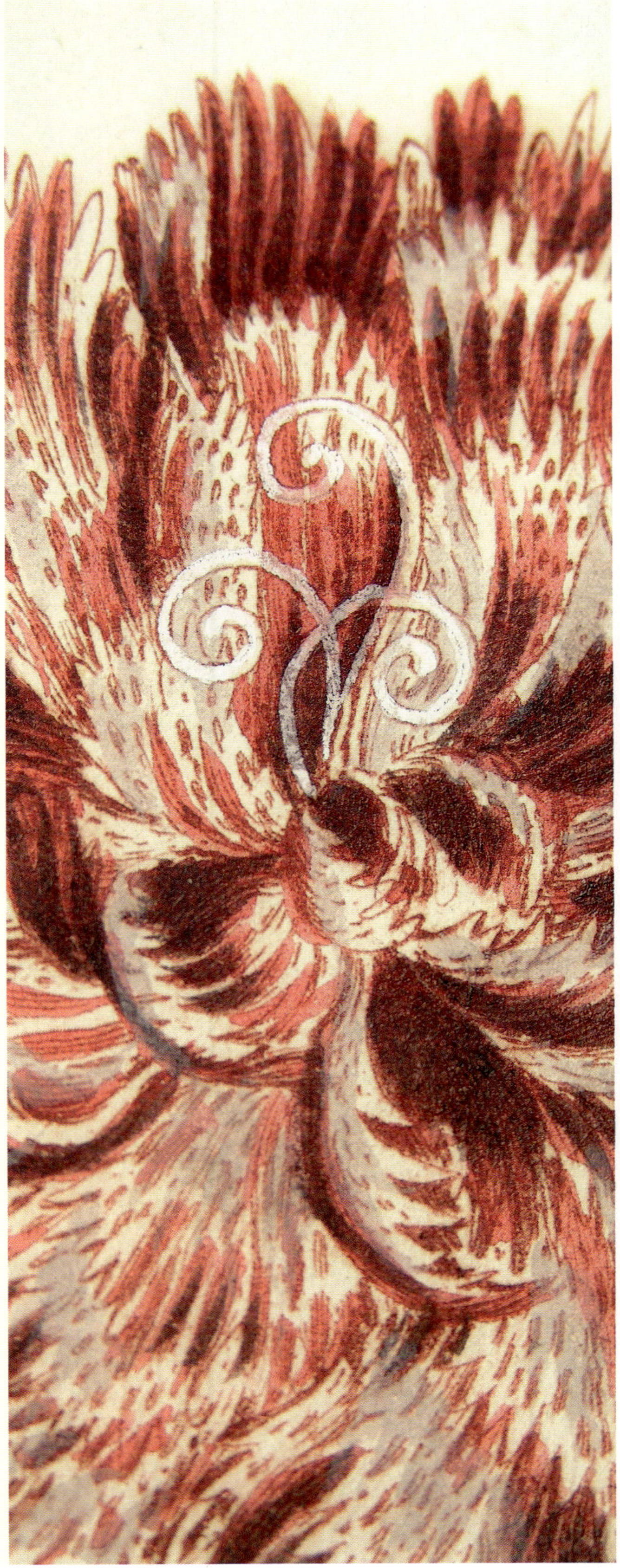

sich die besonderen Vorlieben, etwa für Palmen oder Orchideen? Wie brachte man die Gewächse in einer Zeit unter, in der Zimmer die meiste Zeit des Jahres kalt und dunkel waren und eine Temperierung auf 16°C bereits als warm empfunden wurde? Wie hat man die Gewächse gepflegt, und woher bezog man die Pflanzen überhaupt? Das sind Fragen, die dieses Buch beantworten möchte.
Auf den Spuren der Anfänge von Topf- und Zimmerpflanzengärtnerei wird deutlich, dass deren Geschichte untrennbar mit der Geschichte des adeligen und bürgerlichen Wohnens verbunden ist. Blättert man in den Bildbänden zur Geschichte der neuzeitlichen Inneneinrichtung, erkennt der Betrachter rasch, dass auf den stillen Bildern Jan Vermeers oder Pieter de Hoochs, die niederländische Wohnräume des 17. Jahrhunderts so eindrucksvoll darstellen, Zimmerpflanzen ebenso wenig vorkommen wie auf den galanten Rokoko-Bildern des 18. Jahrhunderts. Allenfalls Schnittblumen in der Vase sind auf diesen Bildern zu bewundern. Tatsächlich lassen sich echte Zimmerpflanzen – Gewächse, die man ganzjährig in der Wohnung unterbrachte – in den Wohnräumen erst seit dem Ende des 18. Jahrhunderts entdecken. Zunächst verschließen sie im Sommer die leeren Kaminöffnungen, später erobern einzelne Gefäße Tische und Fensterbretter. Diese schlichten Töpfe mit einzelnen Blatt- und Blütenpflanzen oder Sukkulenten weichen seit der Mitte des 19. Jahrhunderts üppigeren Arrangements. Gegen Ende der 1870er Jahre hatten die Topfpflanzen alle Wohnräume erobert, und die Zimmerpalme avancierte endgültig zum unentbehrlichen Einrichtungsgegenstand für die Gesellschaftsräume der Wohlhabenden. Findige Möbelbauer entwickelten spezielle Hocker, Blumentische, Etageren und Glasgehäuse, um die zahllosen Töpfe in den Wohnräumen dekorativ unterzubringen. An das Haus angeschlossene Gewächshäuser oder Wintergärten nahmen in größeren Häusern die umfangreichen und zum Teil kostbaren und sehr speziellen Pflanzensammlungen auf. Zimmerspringbrunnen mit Wasserpflanzen und anderen Wasserlebewesen ergänzten die blühende Pracht. Nicht zufällig ist der Beginn der Zimmerpflanzenkultur auch die Geburtsstunde des Aquariums, und ganz gewiss war das 19. Jahrhundert die große Zeit der tropischen Gewächse im Haus.
Doch warum beginnt erst im 19. Jahrhundert der Siegeszug der Zimmerpflanze und nicht bereits in den Jahrhunderten zuvor? Topfpflanzen – darunter auch solche, die für eine gewisse Zeit im Haus aufgestellt wurden – gab es selbstverständlich bereits in früheren Jahrhunderten. Auf diese Frage gibt es viele Antworten, einige seien hier kurz angerissen: Tatsächlich brachten Händler, Eroberer oder Reisende schon seit Menschengedenken von ihren Fahrten exotische Pflanzen mit. Nelken, Rosen und Lilien aus dem Vorderen Orient, Tulpen und Hyazinthen aus der Türkei, Zitrusfrüchte aus China, Sukkulenten aus Amerika kamen auf diese Weise in unsere Gärten. Doch waren Botaniker, Sammler und Enthusiasten stets bemüht, die neuen kostbaren Gewächse im Garten zu pflegen und eben nicht im Haus. Nur zu besonderen Anlässen, etwa zu Festtagen, schmückten Topf- und Kübelpflanzen für kurze Zeit die Wohnung. Um sie im Winter vor der Kälte zu schützen, brachte man sie in speziellen Schuppen und später auch in repräsentativen Bauten unter. Den Garten jedoch ins Zimmer zu verlegen und Gewächse dauerhaft im Wohnraum zu pflegen, war bis ins 18. Jahrhundert hinein noch keine Alternative für gartenbegeisterte Pflanzenliebhaber.

Rosen importierte man aus dem Vorderen Orient.

Eher versuchte man Wohnräume als Gartenzimmer zu gestalten, indem man sie mit Wandbehängen oder gemalten Ausblicken auf Garten und Landschaft und täuschend echt gemalten Pflanzen versah. Auf diese Weise sollte auch im Winter zumindest die Erinnerung an Wärme, Duft und Licht der warmen Jahreszeit wachgehalten werden. So schuf etwa der italienische Maler Andrea Mantegna um die Mitte des 15. Jahrhunderts im Palazzo Ducale in Mantua ein einzigartiges Zimmer mit wunderschön gemalten weiten Ausblicken in die Landschaft und in den Himmel. Vom gemalten Durchblick in der Decke schauen Palastbedienstete und Putten herab, die im Begriff sind, einen Stützbalken wegzuziehen, der den großen Kübel mit einem Orangenbäumchen sichert. Der gar nicht große Raum, der die kostbaren Malereien birgt, ist nur mit sehr kleinen Fenstern ausgestattet. Für die Pflege von Gewächsen im Zimmer war er ganz ungeeignet.
Der Beginn der Zimmerpflanzenkultur fällt zusammen mit dem Beginn der industriellen Revolution. Die Pflanze im Topf und die Topfpflanze im Zimmer sind nicht zuletzt Ausdruck des städtischen Lebens fern der Natur, als immer mehr Menschen in die Städte zogen, aber weder Platz noch Geld für einen Garten in der Stadt oder gar für ein Sommerhaus auf dem Land hatten. Dieser Mangel förderte den Wunsch nach ein wenig Grün und Natur, den man sich in Form kleiner Topfpflanzen erfüllte. Erst in dieser

RECHTE ABBILDUNG:
Kugelamarant *Weinmann, Eigentliche Darstellung (1735)*

LINKE ABBILDUNG:
Kugelamarant

NÄCHSTE SEITEN:
Agave *Jacquin, Icones plantarum rariorum (1781–1793)*

Usambaraveilchen

Zeit wurde der Garten dauerhaft ins Zimmer verlegt, als Zuflucht vor Lärm und Schmutz der als unwirtlich empfundenen Stadt. Zeigen Bilder aus der Zeit des Biedermeiers – etwa das jenige von Rørbye – noch geöffnete Fenster und vermitteln auf diese Weise zwischen Innenraum und Außenwelt, so präsentieren Interieurs seit der zweiten Hälfte des 19. Jahrhunderts geschlossene und zumeist mit schweren Vorhängen dekorierte Fenster, durch die kein Blick nach außen mehr möglich ist. Man schuf sich mit Farnen und Zimmerpalmen kleine individuelle Paradiese, von der Außenwelt abgeschottete Zufluchtstätten und exotische Ersatzwelten.

Andererseits brachte die industrielle Revolution jedoch erst die technischen Voraussetzungen zur erfolgreichen Pflege tropischer Gewächse im Innenraum. Wasserleitungen waren bis in das 19. Jahrhundert in städtischen Wohnungen nicht die Regel. Wasser für alle Verrichtungen des täglichen Lebens musste den weiten Weg von der Wasserstelle im Hof oder vom Brunnen in die Wohnung getragen werden, was den Wunsch nach zusätzlichen Geschöpfen, die mit Wasser zu versorgen wären, nicht gerade gefördert haben wird. Bis weit ins 18. Jahrhundert hinein waren viele Wohnungen zudem die meiste Zeit des Jahres zu dunkel und vor allem zu kalt, um Pflanzen dauerhaft darin zu pflegen. Die künstlichen Licht- und Wärmequellen gaben viele schädliche Stoffe an die Luft ab. Ein Ratgeber zur Zimmergärtnerei bemerkt noch 1912, dass der an schwefliger Säure reiche Rauch schlecht brennender Öfen für die Pflanzen sehr schädlich ist. Öl- und Petroleumlampen, Kohleöfen oder offene Kamine wärmten und beleuchteten die Stuben bis ins späte 19. Jahrhundert mehr schlecht als recht. Dies dürfte auch die Pflanzenauswahl auf dem Fensterbrett unseres Künstlers erklären, der ja durchweg auch für den Garten geeignete Gewächse als Zimmerpflanzen zeigt, die kühle Temperaturen vertragen. In unseren von Zentralheizungen erwärmten Wohnungen wäre dies heute nur unter Schwierigkeiten möglich. Bis ins 20. Jahrhundert hinein wurden jedoch 6 bis 8°C kühle Räume im Winter noch als »mäßig warm« bezeichnet, galten Raumtemperaturen zwischen 12 und 16, in Ausnahmefällen bis 18°C als warm. Nicht zuletzt wurden Eisen und Glas im Verlauf des 19. Jahrhunderts kostengünstiger. Die Anschaffung großer Gewächshäuser und kleinerer Wintergärten wurde für mehr Menschen erschwinglich und damit auch die Pflege anspruchsvoller Gewächse, die neben gleichbleibender hoher Temperatur auch eine höhere Luftfeuchtigkeit benötigen.

Wir haben gesehen, dass die aus Amerika stammenden Kugelamarante und Agaven bereits seit dem 16. Jahrhundert in europäischen Gärten angepflanzt wurden. Die überall aufblühenden botanischen Gärten, private fürstliche und bürgerliche Pflanzensammlungen trugen zur Verbreitung der Gewächse bei. Doch es waren vor allem die großen Expeditionen des 18. und 19. Jahrhunderts und die Kolonialisierung Afrikas, Australiens, Asiens und Amerikas, die unsere Gärten und die Gestaltung unserer Fensterbänke für immer veränderte. So sammelte Alexander von Humboldt in Südamerika gemeinsam mit dem französischen Botaniker Aimé Bonpland (1773–1858) gegen Ende des 18. Jahrhunderts mehr als 5000 Pflanzen. Ungefähr zur gleichen Zeit umsegelte der englische Botaniker Sir Joseph Banks (1743–1820) mit Kapitän James Cook auf dem Schiff Endeavour die Welt und brachte zahllose Gewächse aus den Tropen mit nach England. Nach den Reisebotanikern kamen berufsmäßige Pflanzensammler, die von botanischen Gärten, privaten Sammlern und kommerziellen Gartenbaubetrieben ausgeschickt wurden. Sie brachten ihren Auftraggebern enorme finanzielle Gewinne, soziales Prestige und bereicherten unsere Wohnungen um Usambaraveilchen, Yukkapalme, Grünlilie, Orchideen und viele andere Schönheiten.

Doch schauen wir zunächst noch ein wenig auf die Vorgeschichte unserer Topfpflanzen: Wann fing man eigentlich an, Blumen, Kräuter, Sträucher oder kleine Bäume nicht mehr allein im Garten wachsen zu lassen, sondern sie in einen Topf zu pflanzen? Dazu im nächsten Kapitel mehr.

Die Pflanzen auf Martinus Rørbyes Fensterbank

Kugelamarant *(Gomphrena globosa)* Die einjährige Pflanze war im 18. und 19. Jahrhundert eine beliebte Gartenpflanze. In Philip Millers »Gardeners Dictionary« von 1768 heißt es sogar: *Diese Pflanzen geben unter den einjährigen Sorten die schönste Zierde.* Der Kugelamarant stammt aus dem tropischen und subtropischen Amerika. Er ist sehr wärmebedürftig und liebt trockene und heiße Sommer. Ein Standort in der vollen Sonne ist daher genau das Richtige

Agave virginica
Jacq. Coll. vol. 2.

für ihn. Der Boden sollte locker und sandig sein, ansonsten ist der Kugelamarant anspruchslos und muss kaum gedüngt werden. Die Aussaat des Dunkelkeimers erfolgt ab März bei 12 bis 18°C bei einer Keimdauer von ein bis zwei Wochen, wobei das Saatgut nur teilweise aufgeht. Die Pflänzchen sollten nur wenig gegossen werden. Soll der Kugelamarant den Garten verschönern, kann ab Mitte Mai mit dem Abhärten und Auspflanzen in Reihen mit zwanzig bis dreißig Zentimeter Abstand begonnen werden. Der Kugelamarant blüht von Juli bis zum ersten Frost. Seine in verschiedenen Weiß-, Orange- und Rottönen leuchtenden kugelförmigen Blüten lassen sich gut trocknen und in Trockenblumengestecken weiterverarbeiten.

Agave (*Agave americana*) Die ausdauernde und robuste Familie der Agaven ist im Süden der USA, in Mexiko und auf den karibischen Inseln beheimatet. Kleinere Agaven kann man auf die Fensterbank stellen, größere sind während der warmen Jahreszeit im Kübel auf der Terrasse besser aufgehoben. Welche Art Rørbye auf seiner Fensterbank zeigt, ist nicht erkennbar. Vielleicht handelt es sich um ein kleines Exemplar der Agave americana, jener Art, die als erste aus ihrer Familie im 16. Jahrhundert nach Europa gelangte und später die großen barocken Gartenanlagen schmückte. Die einzelnen Agavenarten sind unterschiedlich winterhart. Hell, aber kühl – ideal bei Temperaturen zwischen 4 und 6°C – sollten sie im Winter untergebracht werden, ansonsten sind sie pflegeleicht. Agaven zum Blühen zu bringen dauert oft Jahrzehnte. Nicht zufällig wird A. americana auch als »Hundertjährige Aloe« bezeichnet (mit der europäischen Aloe ist sie trotz ihres Namens jedoch nicht verwandt). A. americana stirbt nach der spektakulären Blüte an einem drei bis acht Meter hohen Blütenstand sogar ab. So war die äußerst seltene Agavenblüte in den Gärten des 17. und 18. Jahrhunderts ein großes Ereignis, zu dem Menschen von weither anreisten. Druckschriften, Abbildungen und sogar Münzprägungen würdigten das Spektakel. Agaven sollten im Sommer ein- bis zweimal pro Woche gut gegossen werden, im Winter nur so viel, dass die Erde nicht austrocknet. Von April bis September sind sie dankbar für regelmäßige Düngergaben. Ihre Blätter sollte man einmal im Jahr gründlich abstauben. Für schmale Fensterbänke sind A. filifera var. compacta und A. parviflora besonders gut geeignet.

Gartenhortensie (*Hydrangea macrophylla*) Im späten 18. Jahrhundert war die Gartenhortensie eine Modeblume, die in vielen botanischen oder herrschaftlichen Gärten und Parkanlagen angepflanzt wurde. Bereits damals war bekannt, dass man die besonders begehrte blaue Färbung der Blüten durch Beigabe von Aluminiumspänen oder Alaun erzielen konnte. In ihrer typischen Wildform stammt die Gartenhortensie aus Japan und wird nur selten kultiviert. Der Name Hydrangea macrophylla umfasst jedoch eine große Gruppe von Gartenvarietäten, von denen viele aus der Kreuzung von H. macrophylla und H. aspera, der Samthortensie, hervorgegangen sind. Seit der Mitte des 19. Jahrhunderts wurden viele neue Gartenformen herausgezüchtet. Heute gibt es im Fachhandel eine große Anzahl von Sorten, die in Farbe, Größe und Form der Blüten variieren und die unterschiedlich groß werden. Die Sorten der Gartenhortensie werden auch heute noch vorwiegend als Topfpflanzen kultiviert. Als Gartenpflanzen sind die meisten Sorten nur in wintermilden Regionen vorbehaltlos zu empfehlen, da junge Zweige bei tiefen Temperaturen stark beschädigt werden können. Oft frieren sie bis auf den Boden zurück, so dass die angelegten Blütenknospen zerstört werden. Die großen, fast kugelförmigen blassrosa oder blauen Blütenstände der Sorte Otaksa können bei guter Pflege bis zu zwei Meter hoch werden. Für die Fensterbank sind daher nur kleine Exemplare zu empfehlen. Wie die Agave ist die Gartenhortensie eher ein Gewächs für den Kübel auf Balkon oder Terrasse. Sie blüht zwischen Juni und August und bevorzugt Halbschatten, da sonst Blätter und Blüten von der Sonne verbrannt werden. Die Erde sollte gleichmäßig feucht, humusreich und durchlässig sein. Rückschnitt direkt nach der Blüte ist empfehlenswert. Die Gartenhortensie verlangt reichlich Feuchtigkeit; das Wasser sollte jedoch weich sein, da die Blätter sich sonst gelb verfärben. Die Gartenhortensie kann hell oder dunkel bei 4 bis 8°C überwintern und sollte in dieser Zeit nur wenig gegossen werden.

Blaue Hortensie

Die Blume im Topf oder *Die Vor- und Frühgeschichte der Zimmerpflanze*

Wann ist man wohl erstmals auf die Idee gekommen, eine Zierpflanze nicht im Garten, sondern in einem Topf zu kultivieren? Genau lässt sich das nicht mehr feststellen, zu banal scheint der Vorgang an sich zu sein. Griechen und Römer schmückten ihre Gärten mit zusätzlichen Topfpflanzen. Auch in den Gärten des islamischen Spaniens oder in Nordafrika war diese Praxis verbreitet. In Mitteleuropa finden wir seit dem 14. Jahrhundert vermehrt Hinweise auf Topfpflanzen. Das mag zum einen daran liegen, dass sich aus früheren Zeiten nicht so viele Bild- und Textquellen erhalten haben wie aus den späteren Jahrhunderten des Mittelalters. Doch mag es auch noch einen anderen wichtigen Grund geben: Im Verlauf des 13. und 14. Jahrhunderts wuchsen nämlich die Städte. Nicht mehr die Burg oder das Kloster in der Einöde, sondern die Stadt war mehr und mehr Zentrum des kulturellen und sozialen Lebens. Tatsächlich ist die Pflege von Zierpflanzen im Gartenbeet oder im Topf in dieser Zeit weniger für Bauernhöfe, Burgen oder Klostergärten als vielmehr für innerstädtische Gärten nachzuweisen. Bereits 1313 zog man Akelei, Madonnenlilie, Maiglöckchen, Narzisse, Pfingstrose, Rose, Iris und Veilchen.

Aus dem späten 14. Jahrhundert hat sich in der französischen Nationalbibliothek in Paris ein Manuskript erhalten, das Empfehlungen zur Führung eines großen Haushalts in der Stadt eines namentlich nicht bekannten Ehemanns an seine junge Frau enthält. Die Schrift »Ménagier de Paris« verrät viel über die Gartenarbeit in jener Zeit. Sie empfiehlt etwa, Veilchen in Töpfen vorzuziehen, bevor man sie im Garten auspflanzt, und schlägt vor, Majoran in geräumige Pflanzgefäße zu setzen. Voranzucht von Zier- und Nutzpflanzen in Töpfen wurde damals bereits praktiziert. Doch wo wurden die Töpfchen untergebracht, bevor man sie im Garten aussetzte? Treibhäuser gab es im Mittelalter noch nicht. Im Haus dürfte der beste Platz für solche Kräutertöpfe damals wie heute in der Nähe der Fenster gewesen sein. Jedoch ist zu bedenken, dass Fensterglas damals noch die Ausnahme war. Fensteröffnungen in Bürger- und Bauernhäusern wurden im Winter meist mit Kuhhaut, Tierhaut, ölgetränktem Papier, Pergament, textilen Materialien oder Horn dicht verschlossen, um die Wärme zu halten und Zugluft zu vermeiden, so das kaum natürliches Tageslicht die Räume erhellte. Feuerstelle und flackernde Talglichter als einzige Beleuchtung dürften hingegen kaum genügend Licht zur Erhaltung der Pflanzen geliefert haben. Fensterglas in kleinen hexagonalen Scheiben, die aus Venedig importiert wurden, blieb bis in das 15. Jahrhundert ein Luxus. Topfpflanzen dürften daher nur während der warmen und hellen Jahreszeit im Innenraum aufgestellt worden sein. Dort wurden sie auf Tischen und kleinere Ablagen platziert, wie sie etwa der Meister der Münchener Marientafeln im 15. Jahrhundert auf seinem Bild der Verkündigung an Maria darstellt. Im Hintergrund ist ein mit kleinen runden Gläsern versehenes Butzenscheibenfenster zu erkennen. In der Nähe Marias stehen Töpfe mit Madonnenlilien und Iris. In der mittelalterlichen Bildsprache stehen beide Gewächse für bestimmte Eigenschaften der Gottesmutter: für ihre Reinheit und Anmut oder für ihren Rang als Königin des Himmels. Darüber hinaus erzählt uns das kostbar gemalte Bild etwas davon, wie man in einem wohlhabenden Haushalt damals schon blühende Pflanzen als Schmuck ins Haus holte. Der Iristopf mit Henkeln weist darauf hin, dass man die Blume wohl auch in andere Räume mitnahm.

Solche beweglichen Töpfe wurden bereits damals auch draußen verwendet. So zeigt es zumindest eine um 1400

LINKE ABBILDUNGEN:
Veilchen
Stiefmütterchen

RECHTE ABBILDUNG:
Akelei

entstandene Miniatur im norditalienischen »Hausbuch der Cerrutti«, das einen üppig wuchernden Basilikumbusch in einem Henkeltopf wiedergibt, der in einem Garten zwischen anderen Gewächsen steht. Gerne setzt man heute noch in mediterranen Ländern Basilikum vor den Hauseingang, um unliebsame Insekten zu vertreiben. Vielleicht war das damals schon üblich und vielleicht wurden auch die ersten Topfpflanzen schon immer dort platziert, wo Menschen sich an ihrem Duft erfreuen oder von ihnen naschen wollten.

Darstellungen von Blumentöpfen finden wir auf vielen mittelalterlichen Bildern des 14., 15. und 16. Jahrhunderts. Sie verschönern Rasenbänke und abgeblühte Beete, sie stehen auf den Außenseiten der Fensterbänke, in der Nähe von Hauseingängen, auf Brüstungen, aber auch in den Wohnungen. Auf italienischen Bildern seit dem 15. Jahrhundert finden wir hübsch getrimmte Gewächse in Tontöpfen und Schalen. So schmückt auf Tizians berühmter »Venus von Urbino« eine zum Kugelstämmchen geschnittene Myrte die Fensterbank. Ebenso wie Lilie und Iris hat auch die Myrte vielfältige symbolische Bedeutungen. Sie war der Göttin Aphrodite geweiht und stand in der Antike für Jungfräulichkeit, Jugend und Schönheit. Gerne wird sie bis heute in Brautsträußen verwendet, eine Art wird sogar als »Brautmyrte« bezeichnet. Bei Tizian weist der Myrtenstrauch darauf hin, dass die schöne junge Frau im Vordergrund nicht nur als Göttin, sondern auch als Braut zu betrachten ist.

Doch zurück zu den Topfpflanzen: Auf Bildern des 15. und 16. Jahrhunderts sind sie immer dort zu sehen, wo die normale Bepflanzung nicht ausreicht oder nicht üppig genug erscheint. Sie sind keine echten Gewächse für den Innenraum, sondern wirken wie Tizians Myrte stets so, als hätte man sie nur für eine gewisse Zeit als Schmuck in die Wohnung geholt. Im Unterschied dazu wurde im Mittelalter zuerst auf den Burgen versucht, durch die Anlage von Ziergärten die beschwerlichen Wohnverhältnissen zu mildern. Es muss einen zunächst kleinen, aber stetig wachsenden Personenkreis gegeben haben, der Interesse, Zeit und Geld hatte, Gewächse allein zum Vergnügen und nicht aus wirtschaftlichen Gründen zu pflegen und einen stets schön bepflanzten Garten zu besitzen. Vielleicht war es ja tatsächlich die Burgherrin, die sich nach einem Ort außerhalb der Kemenate sehnte, wo sie sich bei gutem Wetter aufhalten konnte, um der

Enge, Dunkelheit und stickigen Luft der Burg zu entfliehen, wo sie ungestört die frische Luft, die schönen Farben und den Duft der kultivierten Pflanzen genießen konnte. In so einem Garten konnten welkende Zierpflanzen im Topf im Unterschied zu den Beetpflanzen ohne größere Probleme entfernt werden und so Platz machen für neue Blüten und Düfte.

Bewohner der Städte, die nicht genug Geld oder Platz hatten, um sich einen eigenen Garten anzulegen, es aber dennoch dem Adel gleichtun wollten, übernahmen nur die Töpfe und stellten sie ins oder vor das Haus. Insgesamt darf die Kultur von Pflanzen in Töpfen bereits damals als ein vor allem in den Städten auftretendes Phänomen betrachtet werden, als platzsparende Möglichkeit, wenigstens über ein paar der wichtigsten Würz-, Heil- und Duftkräuter für den täglichen Gebrauch zu verfügen. In den Städten lebten viele Menschen auf engem Raum zusammen. Frische Luft war in den dicht aneinander gedrängten Häusern und Hütten Mangelware. Eine Kanalisation war meist nicht vorhanden, und die Abfallbeseitigung war eher ungenügend. Duftende Topfpflanzen brachten ein wenig Erholung von den Geruchszumutungen des städtischen Lebens. Denn noch vor den Blüten und dem frischem Grün der Blätter lagen den damaligen Gärtnern und damit auch den Topfpflanzengärtnern vor allem die duftenden Eigenschaften der Gewächse am Herzen. Die vielen Lilien, Maiglöckchen, Veilchen und Schwertlilien in Töpfen, die man auf spätmittelalterlichen Marienbildern finden kann, sind so gesehen mehr als nur die üblichen symbolischen Beigaben für die Gottesmutter. Sie illustrieren die damalige Praxis, duftende Pflanzen im Haus aufzustellen, um das Raumklima zu verbessern. Tatsächlich wissen wir aus England, dass Madonnenlilien im Topf feuchte und muffig riechende Räume bedufteten.

Auf jeden Fall wird man Topfpflanzen nur während der Frühlings- und Sommermonate in der Wohnung gehalten haben, denn die Zimmer mit im Winter verschlossenen Fenstern waren zu dunkel für die ganzjährige Aufstellung. Zudem halten einheimische Gewächse wie Veilchen oder Maiglöckchen eine Winterruhe und sind entsprechend wenig attraktiv für die Zimmerkultur. Die Blüte der damals bekannten Gartenpflanzen währte im Unterschied zu unseren modernen Dauerblühern nur kurz. Daher ersetzte man die unansehnlichen verblühten Pflanzen wie im Garten durch frische Gewächse. Darauf verweist auch unser

LINKE ABBILDUNGEN:
Maiglöckchen und Weiße Lilie Weinmann, Eigentliche Darstellung (1735)

Minirose

RECHTE ABBILDUNG:
Meister der Münchener Marientafeln, Verkündigung (um 1440) Kunsthaus, Zürich

Marienbild: Obwohl Lilie und Iris zugleich in voller Blüte dargestellt sind, blüht die Iris im April oder Mai, während die Madonnenlilie ihre volle Schönheit erst im Juni zeigt. Je nach Blütezeit wird auch die Topfpflanzenauswahl im Wohnraum gewechselt haben. Von mittelalterlichen Altarbildern wissen wir, dass Maiglöckchen, Veilchen und vielleicht auch kleine Rosensträucher zeitweilig in Innenräumen gepflegt wurden.

Für die längerfristige Pflege im Zimmer auf jeden Fall besser geeignet sind die immergrünen Gewächse aus dem Mittelmeergebiet. Auch wenn die große Zeit von Lorbeer, Granatapfel, Feige und ersten Zitruspflanzen erst im 16. und 17. Jahrhundert beginnt, waren einige von ihnen bereits im 13. und 14. Jahrhundert in Kultur. Während man Iris und Madonnenlilie nach der Blüte vielleicht zurück ins Beet setzte oder sie im Topf im Freien überwintern ließ und das einjährige Basilikum jedes Jahr im Frühling neu aussäte, hätte man sich an den immergrünen Sträuchern und Bäumen aus den sonnigeren Teilen Europas auch im Winter erfreuen können. Der große Theologe und Naturforscher Albertus Magnus schreibt bereits im 13. Jahrhundert in seinen »Sieben Büchern über die Gewächse« über Pomeranze, Zedratzitrone und Granatapfel. Lorbeerstrauch und Feigenbaum wurden von den mittelalterlichen Gartenautoren empfohlen, Feigen und Lorbeerblätter waren sogar wichtige Zutaten für damalige Rezepte.

Vom Lorbeer wissen wir, dass er spätestens seit dem 15. und 16. Jahrhundert bevorzugt in Kübeln gezogen wurde. Im Winter brachte man ihn in einen geschützten Raum, damals noch einen schlichten Schuppen ohne Fenster. Aus dieser Zeit haben sich auch die ersten Öfen erhalten, die man benutzte, um die Temperatur in den Schutzräumen für die empfindlichen Gewächse auf eine angemessene Höhe zu bringen. Wie so ein geschützter Ort im 14. Jahrhundert aussah, verrät uns der »Ménagier«: Der Autor empfiehlt, in Töpfe gepflanzten Majoran und Veilchen in einem Keller oder Vorratsraum vor der Winterkälte zu schützen. Tagsüber sollten die Gefäße an die frische Luft und in die Sonne gestellt werden. Das heißt: die Pflanzen wurden auch im Winter soweit wie möglich im Freien gepflegt und nicht in der Wohnung. Der »Ménagier« weist darauf hin, dass der Wechsel zwischen feuchtem Keller und trockener Außenluft – und umgekehrt – nicht zu abrupt vollzogen werden sollte, da die Pflanzen dabei Schaden nehmen oder sogar eingehen könnten. Zumindest Veilchen und Majoran wurden auf diese Weise bereits mit ganz einfachen Mitteln durch den Winter gebracht. Allerdings war der Gärtner – in diesem Fall die Hausfrau – dazu verpflichtet, alle überwinternden Pflänzchen jeden Tag ins Freie und wieder zurück zu tragen. Die Henkel am Iris- und Basilikumtopf erinnern vielleicht auch an diese winterliche Arbeit. Was mit Veilchen und Majoran noch recht einfach ist, wird bei größeren Lorbeer- oder Zitrussträuchern jedoch zu einer echten Anstrengung. Doch lässt sich zumindest der langsam wachsende Lorbeer gut in Form schneiden und nötigenfalls auch stutzen. Vielleicht ließ man kleinere Exemplare sogar an einer hellen Stelle im Haus. Dennoch waren mittelalterliche Wohnräume nur ein kurzfristiger Aufenthaltsort für Pflanzen im Topf. Der wichtigste Platz für Topfpflanzen im Mittelalter war jener vor der Tür.

LINKE ABBILDUNG:
Basilikum-Topf, Hausbuch der Cerrutti *(um 1400)*
Österreichische Nationalbibliothek, Wien

RECHTE ABBILDUNG:
Kleinblättriges Basilikum

NÄCHSTE SEITEN:
Madonnenlilie *Weinmann. Eigentliche Darstellung (1735)*

Iris

Duftende Topfpflanzen für die mittelalterliche Wohnung

Basilikum *(Ocimum basilicum)* Die Bezeichnung Basilikum stammt aus dem Griechischen und bedeutet »königlich«. Als Königskraut und Basilienkraut wird es in älteren Kräuterbüchern bezeichnet. Botaniker kennen 35 verschiedene Arten, die alle ursprünglich aus den tropischen Regionen Asiens und Afrikas stammen. Im Mittelmeergebiet wird das Kraut seit Jahrtausenden kultiviert. In Deutschland war es bereits im Mittelalter durchaus bekannt und wurde als Duftpflanze im Ziergarten geschätzt. Albertus Magnus unterschied im 13. Jahrhundert bereits zwei verschiedene Arten, vermutlich das kleinblättrige Ocimum minimum und das in der italienischen Küche am häufigsten verwendete Ocimum basilicum, das bei uns in vielen verschiedenen Sorten – etwa als Zimt- oder Zitronenbasilikum – erhältlich ist. Die Aussaat in den Garten ist zwar möglich, am besten säht man Basilikum jedoch im Frühjahr im Topf aus, um Insekten und Schneckenfraß zu vermeiden und seine Temperaturwünsche besser berücksichtigen zu können. Denn es braucht Schutz vor Spätfrost und einen warmen, geschützten Standort. Feuchter und durchlässiger Boden regt das Kraut zu üppigem Wachstum an. Um vorzeitigen Samenansatz zu verhindern und um das buschige Wachstum der Pflanzen zu fördern, sollte man sie regelmäßig

N. 654.

zurückschneiden und den Topf zumindest während der warmen Monate im Freien aufstellen.

Madonnenlilie (*Lilium candidum*) Die Madonnenlilie stammt ursprünglich wohl aus Palästina oder aus dem Iran, wird in Europa aber bereits seit über tausend Jahren kultiviert und ist in vielen mittelalterlichen Texten zur Gartenkultur erwähnt. Sie ist wohl die bekannteste aller im Mittelalter abgebildeten Blumen und ein allgegenwärtiges Mariensymbol. Die Madonnenlilie wird bis zu zwei Meter hoch und trägt im Sommer bis zu zwanzig trompetenförmige, dicht am Stängel sitzende Blüten. Ihren betörenden Duft verströmt sie erst am Abend, um Nachtfalter anzuziehen.

Die Zwiebel sollte bereits im August oder September in die Erde gelegt werden. Noch im selben Jahr bildet sich eine Blattrosette, deren saftig grüne Blätter für Schneckenfraß anfällig sind. Aus der Rosette entsteht im folgenden Jahr ein Stängel mit vielen Blättern und den Blüten. Die Madonnenlilie benötigt einen durchlässigen, kalkhaltigen Boden in der vollen Sonne, während der Wurzelbereich beschattet sein sollte. Wie alle Lilien wird sie vom leuchtend roten Lilienhähnchen befallen, einem Käfer, der mit seinem Nachwuchs in kurzer Zeit alle Blätter einer Pflanze abfrisst. Schneckenfraß und Käfer sind gute Argumente, es einmal mit der Pflege im Topf zu probieren, der während der kurzen Blütezeit der Pflanze durchaus im Haus stehen kann.

Iris (*Iris germanica*) Der Duft und die schöne Farbe ließen die Iris schon früh in unseren Gärten heimisch werden. Bereits im 9. Jahrhundert wird sie in Schriften zum Gartenbau erwähnt. Wie die weiße Madonnenlilie wurde die blaue Iris zu einer wichtigen Begleiterin Marias und hat ihren Platz auf vielen mittelalterlichen Madonnenbildern. Interessanterweise sehen die Pflanzen auf jedem Bild ein wenig anders aus. Vielleicht hat man sich damals schon bemüht, bestimmte Blautöne zu intensivieren oder die Form der Blütenblätter zu beeinflussen. Heute kennen wir über 100.000 verschiedene Iris-Formen und -Arten aus aller Herren Länder. Iriszüchter überall auf der Welt sind dabei, immer neue ungewöhnliche Formen und Farben herauszuzüchten. Trotz ihres Namens kommt die Iris germanica in Deutschland nur verwildert vor. Ihre ursprüngliche Heimat liegt wohl im Mittelmeergebiet oder in Vorderasien. Dennoch ist sie frosthart, sehr robust und leicht im Topf zu kultivieren. Dank der kriechenden Rhizome breitet sie sich rasch aus, was der Pflege im Topf irgendwann Grenzen setzt. Je nach Sorte und Pflege können Irispflanzen zudem recht groß werden, so dass man das Kulturgefäß nicht zu klein wählen sollte. Viel Sonne und ein trockener Standort verhelfen der Iris zu ihren wunderschönen duftenden Blüten. Wie die Madonnenlilie sollte auch die Iris nur während der leider viel zu kurzen Blüte im Zimmer aufgestellt werden. Beide Gewächse sind für Balkon und Terrasse besser geeignet.

Myrte

Brautmyrte (*Myrtus communis*) Während die Myrte im Mittelmeerraum schon seit Jahrtausenden kultiviert wurde, kam sie erst im 16. Jahrhundert nach Mitteleuropa. 1583 soll die Tochter des Augsburger Handelsherren Jacob Fugger einen Brautkranz aus Myrten getragen haben, was damals sicherlich noch eine kostbare Seltenheit darstellte. Im Verlauf des 17. Jahrhunderts wird die Brautmyrte in Deutschland etwas häufiger. 1613 werden im »Hortus Eystettensis« zwei verschiedene Formen abgebildet. Im 18. Jahrhundert nahm die Zahl der Sorten weiter zu. Nach und nach drang die Myrte von den Orangerien und Gewächshäusern der Reichen bis in die Häuser der einfachen Leute vor, wo sie ihren Platz auf den Fensterbrettern fand und allgemein als Hochzeitsschmuck für Braut und Bräutigam verwendet wurde. Infolgedessen zog man die Myrte fast in jedem Haus als Topfpflanze. In ländlichen Gebieten sind derartige Töpfe heute noch zu sehen. Im Mittelmeergebiet wächst die Brautmyrte als meterhoher Strauch mit immergrünen Blättern. Im Topf hat er meist Fensterbankformat, kann aber im Laufe der Jahre auch zur Kübelpflanze heranwachsen. Im Frühjahr trägt die Myrte duftende weiße Blüten, aus denen essbare blauschwarze Beeren entstehen. Auch die Blätter verströmen den angenehmen Duft. Die Brautmyrte mag feuchten, durchlässigen Boden sowie Sonne oder leichten Schatten an einem luftigen Standort, im Sommer auch im Freien. Durch Zurückschneiden bleibt die kompakte Form erhalten, die Brautmyrte kann aber auch in Formen geschnitten werden – etwa zu Pyramiden oder Kugeln wie auf Tizians Bild –, dann blüht er allerdings nur selten. Die Myrte muss frostfrei und kühl bei Temperaturen um 5°C überwintern. Es existieren verschiedene Sorten, die sich in Größe, Form und Farbe der Blätter unterscheiden.

Von Hyazinthen und Zimmeralpenveilchen

Die erste große Welle von neuen Pflanzen aus anderen Teilen der Erde erreichte Westeuropa im 16. Jahrhundert aus dem Osmanischen Reich, das zu dieser Zeit weite Teile Südosteuropas umfasste. Obwohl man während des 16. und 17. Jahrhunderts auf der Hut war vor der bedrohlich expandierenden Macht aus dem Osten, war man gleichzeitig auch fasziniert von der fremdartigen Lebensweise und nicht zuletzt von dem Reichtum der dortigen Gärten und den vielen neuen Gewächsen. So konnte der damalige Gesandte des Heiligen Römischen Reiches am Hofe von Konstantinopel Mitte des 16. Jahrhunderts Samen und Zwiebeln von Tulpen, Hyazinthen, Anemonen und weiteren Pflanzen an den berühmten Botaniker Carolus Clusius nach Wien schicken. Clusius gab einige davon an Pflanzenliebhaber in ganz Europa weiter, die übrigen nahm er später mit ins holländische Leiden. Krokus, Herbstzeitlose, Märzenbecher, Hundszahn, Milchstern, Verwandte unseres Zimmeralpenveilchens, Lilien, Kaiserkronen, Ranunkeln und vor allem Tulpen und Hyazinthen eroberten so seit den 60er Jahren des 16. Jahrhunderts Europas Gärten.

Der Erfolg, den die neuen Pflanzen in den mitteleuropäischen Anlagen hatten, ist leicht zu erklären: Besonders die Zwiebeln ließen sich leicht transportieren, überstanden die beschwerlichen Transporte gut und hatten keine Schwierigkeiten, sich an die mitteleuropäischen Temperaturverhältnisse anzupassen, weil man die empfindlicheren Arten außerhalb der Erde überwintern lassen konnte und die Pflanzen sich ansonsten relativ leicht halten und vermehren ließen. Leuchtende Farben und zauberhafte neue Blütenformen entzückten die damaligen Gartenenthusiasten ebenso wie die Botaniker. Bald erschienen die ersten Zuchtformen mit unterschiedlich gestalteten Blüten und ungewöhnlichen Farbkombinationen. Besonders die Tulpe, vielmehr ihre Zwiebel, entwickelte sich in Holland Ende des 16., Anfang des 17. Jahrhunderts zu einem begehrten Handels- und Spekulationsobjekt – diese Zeit ging als »Tulpenwut« oder »Tulpomanie« in die Geschichte der Gartenpflanzen ein. Viele Menschen ruinierten sich damals im Handel mit den Zwiebeln, so dass 1637 schließlich der Staat eingriff und alle Spekulationsgeschäfte mit Tulpenzwiebeln unterband.

Hyazinthen für den Garten zog man im 16. Jahrhundert in tönernen Gefäßen. Ein besonderer Vorteil ihrer Zwiebeln lag jedoch darin, dass man sie mit geringem Aufwand auch außerhalb der eigentlichen Blütezeit im Frühling zum Blühen bringen konnte. Auf diese Weise hatte man erstmals auch in den kalten und dunklen Monaten des Jahres blühende und duftende Pflanzen zur Verfügung. Begonnen wurden die Treibexperimente vermutlich an den Tulpen. Doch schließlich eroberte die Hyazinthe als besonders leicht zu kultivierende, früh blühende und dazu noch stark duftende Pflanze unsere Wohnräume.

Betrieben zunächst die Gärtner die Kultivierung und den Handel mit Hyazinthen, so bildete sich gegen Ende des 17. Jahrhunderts ein neuer Berufszweig heraus. Sogenannte »Floristen« spezialisierten sich auf die jeweils in Mode gekommenen Zwiebelpflanzen. Neben Hyazinthen und Tulpen waren das Narzissen, Anemonen oder Ranunkeln und einige weitere Arten. Die Floristen handelten mit den Pflanzen, ihren Zwiebeln und Samen manchmal europaweit, gründeten Niederlassungen in großen Städten wie Hamburg und London und gaben spezielle Kataloge mit lieferbaren Pflanzen heraus. Diese frühe Form des Versandhandels über Katalog steigerte das Interesse an der Kultivierung der Hyazinthen, die bald in einer Vielzahl

Kaiserkrone *Weinmann, Eigentliche Darstellung (1735)*

a
b
c

LINKE ABBILDUNG:
Tulpen

RECHTE ABBILDUNG:
Tulpen *Weinmann, Eigentliche Darstellung (1735)*

unterschiedlicher Sorten angeboten wurden. Hatte die blaue Wildform noch relativ wenige einfache Blüten, so züchtete man bald gefülltblütige Varietäten heraus, die in unterschiedlichen Farben von Weiß über Rosa bis Violett angeboten wurden. Das berühmte Gartenbuch »Hortus Eystettensis« von 1613 verzeichnet bereits siebzehn verschiedene Sorten mit einfachen oder gefüllten Blüten in verschiedenen Violett-, Weiß-, Blau- und Rottönen.
Bald wurde es in Europas Fürstenhäusern und unter wohlhabenden Patriziern regelrecht zur Mode, Hyazinthen nicht nur im Garten anzupflanzen, sondern sie auch im Zimmer vorzutreiben. Im 18. Jahrhundert erreichte die Begeisterung ihren Höhepunkt: Madame de Pompadour, die Geliebte Ludwigs XV., ließ etwa im Winter 1759 zweihundert Hyazinthen antreiben. Findige Köpfe entwickelten spezielle Gläser für die Anzucht der Hyazinthen auf Wasser, die sogenannte »Wassertreiberei«. Die speziellen »Hyazinthengläser« waren jedoch nur für die wohlhabenden Schichten der Bevölkerung erschwinglich, da Glas bis ins 18. Jahrhundert sehr teuer war. Im 19. Jahrhundert schließlich, als es mit der Industrialisierung gelang, Glas in großen Mengen kostengünstig herzustellen, wurde das Antreiben von Hyazinthen auf Wassergläsern zu einem verbreiteten Volksvergnügen. Hyazinthengläser zeichnen sich durch eine besondere Form aus, an der sie leicht zu erkennen sind: Im oberen Bereich sind sie meist wie eine flache Schale geformt, in welche die Zwiebel gelegt wird. Die Schale wiederum sitzt auf dem mit Wasser gefüllten vasenartigen unteren Teil des Gefäßes.
Joachim Henle beschreibt in seinem Buch »Hyazinthengläser« detailliert die Arbeitsschritte, die zur nostalgischen Anzucht der Hyazinthen in Wassergläsern nötig sind: Mitte Oktober bis Dezember setzt man die Zwiebeln auf das mit Wasser gefüllte Gefäß. Wichtig ist, dass die Zwiebel ganz knapp über der Wasseroberfläche liegt, das Wasser also nicht berührt, wobei verdunstetes Wasser unbedingt nachgefüllt werden sollte. Die gefüllten Gläser bringt man in einen dunklen Keller und stellt sie auf ein Holzbrett oder eine andere isolierende Unterlage. Nachdem sich die Wurzeln kräftig entwickelt haben und den Boden des Glases berühren, dürfen sie ans Licht, müssen aber weiterhin kühl stehen, bis die Blüte rund fünf Zentimeter aus der Zwiebel herausragt. Vor direkter Sonne sollten die empfindlichen Pflänzchen geschützt werden, ebenso vor zu viel Wärme. Eine Zentralheizung unter der Fensterbank

N. 852
a
b
c
d

Ranunkeln *Weinmann, Eigentliche Darstellung (1735)*

NÄCHSTE SEITEN:
Hans Simon Holtzbecker, Blick in den Hortus Anckelmanniani *(um 1669) Berlin, Kupferstichkabinett*

Hyazinthen

ist denkbar ungeeignet. Wenn man alles richtig gemacht hat, vergehen im Idealfall vom Aufsetzen der Zwiebel bis zur Blüte etwa sechs bis acht Wochen.
Sind keine Hyazinthengläser zur Hand, lassen sich die zur Voranzucht ausgewählten Zwiebeln auch in gewöhnliche, nicht zu große und mit Gartenerde gefüllte Blumentöpfe pflanzen. Robert Betten gibt in seinem Buch »Praktische Blumenzucht und Blumenpflege im Zimmer« von 1920 folgende Tipps: Über dem Abzugsloch des Topfes sollte eine Scherbe liegen und die Zwiebel mit Erde bedeckt sein. Danach gräbt man die Töpfe im Garten ein oder stellt sie an einem kühlen und dunklen Ort in eine Schicht Sand. Die Töpfe sollten angegossen werden, der Sand darf niemals trocken werden. Je nach dem, ob es sich um früh- oder spätblühende Sorten handelt, sollten die Töpfe frühestens ab Mitte November oder Anfang Dezember ins Zimmer kommen. Wichtig ist, dass sich die Pflänzchen an die neuen Verhältnisse langsam gewöhnen können.
In dieser Zeit werden sie reichlich gegossen und erhalten dann einen sehr warmen, aber dunklen Platz. Betten empfiehlt einen Platz auf dem Ofen in einem offenen Kasten, der mit Sand oder Sägemehl gefüllt ist und auf einen Ziegelstein gestellt wird, damit die Pflanzen nicht zu warm werden. Auch hier darf das Gießen nicht vergessen werden. Erst wenn die Hyazinthen nahe am Aufblühen sind, erhalten sie einen Platz am Fenster. Der Autor empfiehlt 8 bis 10°C Raumtemperatur als optimal für die Entwicklung der Blüte, während an zu warmen Plätzen die Blütenstiele lang und hässlich würden.
Kühle, dunkle Keller und kühle Plätze auf der Fensterbank sind in unseren kuschelig warmen und trockenen modernen Wohnungen selten geworden. Andererseits gibt es blühende Hyzinthen und andere Zwiebelblumen für wenig Geld in vielen Geschäften unabhängig von der Jahreszeit zu kaufen. Die Treiberei von Zwiebelgewächsen entstammt eindeutig einer Zeit, in der vorgezogene Blütenpflanzen im Winter noch teuer waren und man noch anders und vor allem in kühleren Räumen wohnte. Was für unsere Groß- und Urgroßeltern noch eine kleine Spielerei auf der Fensterbank war und eine Möglichkeit, mit geringem Aufwand und wenig Geld im Winter duftende und bunt blühende Gewächse in die Wohnstube zu holen, ist zu Beginn des 21. Jahrhundert ein nostalgisches und umständliches Geschäft geworden, dem sich vermutlich nur noch wenige Liebhaber unterziehen.

Hyazinthen und andere Zwiebelpflanzen waren die ersten Gewächse, die unsere Wohnstuben auch im Winter mit Farbe und Duft erfüllten. Doch dauerhafte Bewohner des Zimmers waren auch sie noch nicht, da sie nach der kurzen Blütezeit vermutlich wieder im Garten ausgepflanzt wurden oder anderweitig Verwendung fanden. Für die mehrmalige Treiberei sind die meisten Blumenzwiebeln ohnehin nicht geeignet. Doch kamen um die Mitte des 16. Jahrhunderts neben Hyazinthen und Tulpen erstmals die Verwandten eines Pflänzchens nach Europa, das zunächst nur das Interesse von Botanikern hervorrief, später jedoch einen Siegeszug durch unsere Wohnungen antrat. Das Zimmeralpenveilchen (Cyclamen persicum) wurde nach einzelnen Kulturversuchen zwischen 1730 und 1740 erneut nach Europa eingeführt. Im Unterschied zum Wilden Alpenveilchen (Cyclamen purpurascens), das spätestens seit dem 16. Jahrhundert in deutschen Gärten einen festen Platz hatte, ist diese Art frostempfindlich. Deswegen kultivierte man sie zunächst als Gewächshauspflanze. Bis ins 19. Jahrhundert hinein wurden nur relativ kleinblütige, der Wildform nahe Pflanzen in den botanischen Gärten und vereinzelt in privaten Gewächshäusern gehalten. Dann aber ging alles ganz schnell: Die Züchtung des heutigen Zimmeralpenveilchens setzte um 1860 in England ein, wo 1870 erstmals großblütige Formen entstanden. Bis zum Ende des Jahrhunderts züchtete man weiße, rote, rosafarbene und purpurne Sorten heraus, im 20. Jahrhundert folgten violette, dunkel- und scharlachfarbene. Seit dem Ende des 19. Jahrhunderts ist das Zimmeralpenveilchen ein bekannter und beliebter Winterblüher in vielen Sorten, der bis heute einen festen Platz auf unseren Fensterbänken behaupten kann, wenn er meistens auch nur während seiner Blütezeit im Winter aufgestellt wird. Wie vielen Zimmerpflanzen, die unsere Groß- und Urgroßeltern schätzten, behagen ihm die heute üblichen hohen Temperaturen auf der Fensterbank im Wohnzimmer nicht besonders. Zudem verlangt es auch nach der Blüte noch einige Aufmerksamkeit. Viele Zimmeralpenveilchen werden daher nach der Blüte durch frische Pflanzen ersetzt.
Zimmeralpenveilchen und Hyazinthen stehen stellvertretend für den uralten Wunsch der Gärtner, die Blühsaison zu verlängern und auch im Winter nicht auf Schönheit und Duft blühender Gewächse verzichten zu müssen. Dennoch blieb die Pflege von Pflanzen auf der

Fensterbank im Zimmer bis ins 18. Jahrhundert hinein die Ausnahme. Wesentlich lieber präsentierten Adel und wohlhabendes Bürgertum ihre kostbaren Pfleglinge in repräsentativen Gärten einem interessierten Publikum. So bat Ende des 18. Jahrhunderts Johann Wolfgang von Goethe seine Freundin Charlotte von Stein zur Hyazinthenblüte in seinen Garten. Rund hundert Jahre zuvor hatte der Hamburger Kaufmann Caspar Anckelmann von seinem Vater einen üppig ausgestatteten Garten übernommen und durch zahlreiche, teils exotische Pflanzenraritäten entscheidend bereichert. Hatte der Vater bereits 1660 einen westindischen *Caneelbaum* erworben, so erhöhte der Sohn die Anzahl der *rarsten Pflanzen und Fruchtbäume von der Welt* auf vier- bis fünfhundert Stück. 1669 ließ Anckelmann den Blumenmaler Simon Holtzbecker ein Bild des Gartens aus der Vogelperspektive anfertigen, dass heute im Berliner Kupferstichkabinett gehütet wird. Holtzbeckers detaillierte Malerei zeigt uns einen üppig blühenden, symmetrisch angelegten Blumengarten, dessen 26 Beete von einer langen Reihe Topfpflanzen ergänzt werden. Seltene, exotische und zumeist schwierig zu pflegende Gewächse hat Anckelmann in seinem Garten versammelt und in wunderschön gestalteten Töpfen dem staunendem Publikum präsentiert: Granatäpfel, Pomeranzen, Agaven, Oleander, Indisches Blumenrohr oder der Peru-Blaustern sind zu erkennen. Obwohl die dargestellten Gewächse im Frühling und Sommer durchaus mit norddeutschen Temperaturen zurechtkommen, mussten die empfindlichen Schönen, um den langen Hamburger Winter zu überstehen, frostsicher untergebracht werden. Das geschah nach damaligen Gepflogenheiten außerhalb der Wohngebäude. Rechts im Hintergrund des Bildes ist ein Gebäude mit großen Fenstern zu erkennen, das als schützendes Pflanzenhaus für den Winter geeignet zu sein scheint. Solche Gebäude, die im Winter die frostempfindlichen Gewächse aufnahmen und im Sommer als Festsäle genutzt werden konnten, bezeichnet man als Orangerien. Ihnen ist das folgende Kapitel gewidmet.

Duft und Farbe für die Fensterbank im Winter

Gartenhyazinthe *(Hyacinthus orientalis)* Die aus dem östlichen Mittelmeergebiet stammende Gartenhyazinthe gehörte zum festen Bestand arabischer und türkischer Gärten. Sie wurde in Gedichten besungen und in der osmanischen Kunst vielfach abgebildet. Als Gartenpflanze ist sie hingegen in vielen Gegenden Mitteleuropas aus klimatischen Gründen wenig ausdauernd. Dennoch ist sie unabhängig von der Wassertreiberei als wunderschöne, früh blühende und duftende pflegeleichte Blume für jeden Garten oder Balkonkasten zu empfehlen. Die Zwiebeln pflanzt man im Herbst etwa zehn Zentimeter tief in die Erde und gießt sie an. In voller Sonne gedeihen sie am besten. Nach der Blüte können die Zwiebeln an Ort und Stelle gelassen werden, allerdings kann die Blüte im nächsten Jahr dann weniger üppig ausfallen. In Fachbüchern wird daher empfohlen, die Zwiebeln nach der Blüte auszugraben und im Herbst durch neue zu ersetzen. Gegenwärtig gibt es etwa sechzig verschiedene Sorten auf dem Markt, die sich in Färbung und Blütezeit unterscheiden. Für die Wassertreiberei empfiehlt Henle besonders die Sorten »Ivory white Innocence«, »Carnegie«, »White Pearl«, »Lady Derby«, »Anne Marie«, »Jan Bos«, »Delft Blauw« und »Ostara«.

Zimmeralpenveilchen *Knorr, Thesaurus rei herbariae (1772)*

Zimmeralpenveilchen *(Cyclamen persicum)* Trotz seines Namens stammt die Wildform des Zimmeralpenveilchens nicht aus Persien. Tatsächlich wächst es in Wäldern von Griechenland bis zum Libanon und in Nordafrika. Die Bezeichnung »persicum« – lateinisch für Pfirsich – bezieht sich auf die Pfirsichfarbe der Blüten. Das Zimmeralpenveilchen kann bis zu dreißig Zentimeter hoch werden und blüht von August bis April. Die Knollenpflanze braucht eigentlich hohe Luftfeuchtigkeit, darf aber nicht mit Wasser besprüht werden. Deshalb ist das warme Wohnzimmer ungeeignet. Um die Luftfeuchtigkeit zu erhöhen, kann man den Topf auf feuchten Blähton stellen. Während der Vegetationszeit ist ein möglichst heller, kühler Standort ohne pralle Sonne optimal. Ideal sind ca. 15°C, wobei keine großen Temperaturschwankungen herrschen und 20°C keinesfalls überschritten werden sollten. Zimmeralpenveilchen dürfen nur mit enthärtetem Wasser und nie auf die Knolle gegossen werden. Abgeblühte Stiele dreht man aus der Knolle heraus, sie dürfen nicht abgeschnitten werden. Nach der Blüte lässt man die Pflanze an einem kühlen und schattigen Standort eintrocknen. Wenn sich frische junge Blätter zeigen, setzt man die Knolle bis zur Mitte in neue humusreiche Erde. Mit zunehmender Laubentfaltung werden die Wassergaben erhöht.

1.
2.
3.
4.
5.
6.
7.

Orangerien

Ob es sich bei dem Gebäude auf dem Bild des Anckelmannschen Gartens tatsächlich um ein separates Überwinterungshaus für die seltenen Topfpflanzen im Vordergrund handelt, ist nicht endgültig gesichert. Bis auf Holtzbeckers Malerei und einige Berichte hat sich von diesem Garten in der heutigen Poolstraße in der Hamburger Neustadt nämlich nichts erhalten. Auf jeden Fall weisen die großen verglasten Fenster darauf hin, dass man dort lichthungrige und wärmebedürftige Pflanzen hätte unterbringen können.
Holtzbecker malte den Garten um 1669. Fest installierte Pflanzenhäuser waren in dieser Zeit noch selten, schon aus diesem Grund ist die Gartenansicht etwas ganz Besonderes. Denn bis dahin brachte man Kübelgewächse während der kalten Jahreszeit meist in bereits vorhandenen Bauten unter. Gartensäle, Grottenräume oder offene Galerien, die man im Winter mit Holzläden verschloss, boten sich dafür an. Eine etwas jüngere Alternative waren die sogenannten »abschlagbaren Bauten« oder »abschlagbaren Pomeranzenhäuser«, die im Herbst über in den Boden gepflanzten Gewächsen errichtet und im Frühjahr wieder abgebaut wurden. In Stuttgart konstruierte man 1626 sogar ein auf Rollen bewegliches Pomeranzenhaus, das im Winter über die Bäume geschoben werden konnte. Diese Bauten bestanden zumeist aus einem Fachwerkgerüst, wurden mit Öfen beheizt und waren mit hölzernen Läden versehen, die der Belüftung und Lichtzufuhr dienten. Schlechte Wärmeisolierung, die bei jedem Aufbau vorzunehmende Abdichtung aller Fugen sowie die Kosten für Auf- und Abbau ließen findige Konstrukteure jedoch rasch nach praktischeren Lösungen suchen. So errichtete man alternativ einen Teil der Wände für die Pflanzenhäuser aus Mauersteinen und verkleidete nur noch Dach und Südseite im Winter neu. Diese schlichten und nicht besonders ansehnlichen Konstruktionen waren reine Zweckbauten, welche die Gewächse geschützt über den Winter bringen sollten. Vielleicht haben echte Enthusiasten in diesen Schuppen ihre kostbaren Schätze sogar besucht, doch war dies sicherlich ein kurzes Vergnügen, weil die Räume ganz auf die Bedürfnisse der Pflanzen ausgerichtet waren und nur wenig geheizt wurde. Gewächshäuser, die so weit erwärmt werden konnten, dass sie eine Alternative zu den Wohnräumen darstellten, kamen erst im 19. Jahrhundert auf. Noch war es für Pflanzenfreunde kaum vorstellbar, ihre Lieblinge das ganze Jahr über im Haus zu haben, statt sie in einem separaten Gebäude überwintern zu lassen. Weiterhin galt der Garten unter freiem Himmel als der beste Platz für exotische Gewächse, und der Unterstand war nur ein lästiger Notbehelf.
Gegen Ende des 17. Jahrhunderts entwickelte sich aus dem provisorischen Holzbau ein eigenständiger repräsentativer Bautyp, die Orangerie, der bewusst in die Gestaltung von Schloss und Park einbezogen wurde und heute noch viele ehemals herrschaftliche Parkanlagen bereichert. Als Orangerie wird ein freistehendes Haus mit großen nach Süden gehenden Fenstern, gemauerten Seitenwänden und unverglastem Dach bezeichnet, dessen Hauptaufgabe darin bestand, für den Garten bestimmte Gewächse frostfrei zu überwintern. Diese Pflanzenhäuser wurden zunächst mit Öfen, später auch mit Warmwasserheizungen nur so weit erwärmt, dass sich die Temperatur bei 6 bis 8°C hielt. Das hielt die Bauherren jedoch nicht davon ab, ihre Orangerien mancherorts zu aufwändig gestalteten Schlössern weiterzuentwickeln, die im Sommer als großzügige Gartenfestsäle dienten, wenn die Gewächse wieder im Freien waren. Für den regelmäßigen Aufenthalt der Hofgesellschaft im

Ein Gewächshaus des 18. Jahrhunderts *Volckamer, Nürnbergerische Hesperides (1708)*

G
C
C
D
B
B
E
E
D
A
A
A
A
C
C
D

LINKE ABBILDUNG:
Calamondinorange

RECHTE ABBILDUNGEN:
Ananas wurden neben Zitrusgewächsen in Orangerien gezogen. *Weinmann, Eigentliche Darstellung (1735)*

Ananas in der Stuttgarter Wilhelma

Die Orangerie in Darmstadt

Winter waren die Gebäude hingegen nicht gedacht. Meist standen die Pflanzen im Inneren wohl dicht gedrängt. Sie wurden von emsigen Gärtnern umsorgt, welche die Öfen unterhielten, die Temperatur prüften, bei Bedarf lüfteten oder die Fenster wieder schlossen, das Laub auf Schädlinge und Schimmel untersuchten.

Bau und Unterhaltung einer Orangerie waren vom späten 17. bis ins 19. Jahrhundert hinein wichtig für das Prestige eines gartenverliebten Fürsten. Einem Glücksfall ist es zu verdanken, dass man im Orangeriegarten in Darmstadt heute noch eine Vorstellung vom barocken Raumgefüge eines solchen Gartens und den vielfältigen Verwendungsmöglichkeiten wärmeliebender Kübelpflanzen gewinnen kann. Landgraf Ludwig IX. verbot Ende des 18. Jahrhunderts seinem Hofgärtner nämlich, den zum Orangeriegebäude gehörenden Garten im neuen englischen Stil umzugestalten. Bereits 1714 hatte sein Vorgänger, Landgraf Ernst Ludwig von Hessen-Darmstadt, ein Stück Land erworben mit dem Ziel, dort einen barocken Lustgarten mit Überwinterungsmöglichkeiten für wärmeliebende Gewächse anzulegen. Von den zwei zunächst geplanten schlossartigen Orangerieflügeln am Rande des Gartens wurde aus Kostengründen lediglich der westliche Flügel gebaut, der dem Garten sein charakteristisches asymmetrisches Aussehen verleiht. Heute wird das alte Orangeriegebäude nicht mehr als Überwinterungsplatz für Kübelpflanzen genutzt. Ganz im Sinne des Erbauers dient es seit seiner denkmalgerechten Restaurierung Ende der 1980er Jahre als festlicher Ort für gesellschaftliche und kulturelle Zusammenkünfte. Die wärmeliebenden Kübelpflanzen des Darmstädter Orangeriegartens sind heute in einem niedrigen und verglasten Gewächshaus aus den 1950er Jahren untergebracht, das gegenüber dem barocken Bau errichtet wurde. Im Winter stehen dort dicht gedrängt Zitrusbäume und Feigen, Araukarien, Engelstrompeten und verschiedene Palmen, so dass der Eindruck eines Tropenwaldes entsteht. Während der warmen Jahreszeit verschönern die Kübel die sanft ansteigenden Terrassen des Barockgartens und verleihen ihm seinen besonderen südlichen Charakter.

Um 1720 pflegten Ernst Ludwigs Gärtner Feigen, Pomeranzen, Orangen und Zitronenbäume. Die Zitrusgewächse erfreuten sich nicht nur unter den Darmstädter Landgrafen des 18. Jahrhunderts großer Beliebtheit, sie waren es, die dem speziellen Pflanzenhaus ihren Namen

gegeben hatten. Um sie sicher unterzubringen, wurden diese Häuser gebaut. Verschiedene Zitrusarten bildeten daher den Grundstock der allermeisten Orangerien. Sie waren damals heiß begehrt, weil sie zugleich blühen und fruchten, betörend duften und das ganze Jahr über schönes dunkelgrünes Laub zur Schau stellen. In einer Zeit, in der frisches Obst kaum je importiert wurde und im Winter nur ausnahmsweise zur Verfügung stand, waren die Früchte der Zitrusgewächse begehrte Leckerbissen an der höfischen Tafel. So wissen wir etwa, dass die Zitronen und Limonen der Schwetzinger Orangerie in der Zuckerbäckerei verwendet wurden. Hofköche kandierten sie oder verarbeiteten sie zu Sirup, Marmelade, Orangeat und Zitronat oder stellten Duftwässer her. Bei besonderen Gelegenheiten stellte man sogar in Töpfe gepflanzte kleine Obstbäumchen auf die gedeckte Tafel, damit die Gäste sich ihr Dessert frisch vom Baum pflücken konnten. Georg Hinz' um 1670 entstandene Darstellung eines kleinen fruchttragenden Apfelbaums in einem kostbar gestalteten Henkeltopf gehört zu den ganz wenigen Gemälden aus dieser Zeit, die Gewächse in einem Pflanzgefäß zeigen und diese Besonderheit der Festtafel abbilden. Dennoch dürfte der schöne kleine Baum wohl kaum einen Überwinterungsplatz in einer Orangerie bekommen haben, denn der Platz dort war knapp bemessen und daher für die teuren fremdländischen Gewächse reserviert.

Welche Arten hielt man nun in den Orangerien? Da sich Pflanzenlisten aus der Zeit erhalten haben, sind wir über die Auswahl recht gut informiert. Zu den wichtigsten Gewächsen gehörten zuallererst die Zitruspflanzen, wie die seit dem Mittelalter bekannte Zitronatzitrone (Citrus medica). Im Verlauf des 15. Jahrhunderts kamen die Pomeranze oder Bitterorange (Citrus aurantium) hinzu und die aus China eingeführte süße Orange (Citrus sinensis). Wann genau die ersten Zitruspflanzen nach Europa kamen, ist nicht bekannt. Schon früh scheinen jedoch Zitronenarten in die arabische Welt und mit der Ausbreitung des Islams auch nach Sizilien und Spanien gelangt zu sein. Auf Andrea Mantegnas (1431–1506) Wandmalereien für den Palazzo Ducale in Mantua waren bereits Orangenbäumchen in Kübeln zu bewundern. Von Italien gelangten die ersten Bäume nach Süddeutschland. Die Augsburger Familie Fugger soll um 1531 Orangenbäume in ihren Gärten kultiviert haben. Die Begeisterung für Zitrusgewächse steigerte sich im 17. Jahrhundert noch und drängte alle anderen Orangeriepflanzen an den Rand, so sehr strebte man danach, möglichst viele große Exemplare in zahlreichen Sorten zu besitzen. August der Starke in Pillnitz bei Dresden und Friedrich der Große in Potsdam versammelten in ihren Orangerien viele Hundert Exemplare. Neben den bevorzugten Zitrusgewächsen hielt man in den Orangerien noch andere interessante Arten. Dazu gehörten der in den vorherigen Kapiteln betrachtete Lorbeer, die Myrte und die amerikanische Agave, aber auch Feigenbaum, Granatapfel, Rosmarin und Dattelpalme, um nur einige zu nennen. Im 17. und 18. Jahrhundert kamen viele neue Arten aus dem Orient und dem Fernen Osten, aus Mittelamerika und Südafrika hinzu, die zunächst die Gärten fürstlicher oder großbürgerlicher Liebhaber bereicherten oder wissenschaftlichen Pflanzensammlungen zugeführt wurden. Später aber, als die Gartenbegeisterung sich in der Bevölkerung immer weiter ausbreitete, pflegte man viele Arten mehr und mehr auch in bescheideneren bürgerlichen Gärten.

Im Mainfränkischen Museum in Würzburg hängt ein ganz erstaunliches Bild, das vom Pflanzenreichtum einer barocken Orangerie des 18. Jahrhunderts zeugt: Vor den großen verglasten Rundbogenfenstern stehen zwei Gärtner, die stolz ihre exotischen Schätze vorzeigen. Neben mittelamerikanischen Kakteen sind verschiedene Sukkulenten zu erkennen, einige davon sogar mit den seltenen Blüten. Bei der Pflanze in dem Henkeltopf dürfte es sich um eine Tiger-Aloe (Aloe variegata) handeln. Das Gewächs gehört zu den ersten in Europa kultivierten afrikanischen Aloen. Um 1700 gelangten ihre Samen erstmals in die Niederlande. Als Pflanzenkuriosität wurde sie von damaligen Gartenliebhabern sehr geschätzt. Am rechten Bildrand wuchert ein Gewächs mit charakteristischem panaschierten – zweifarbigen – Laub, eine Pelargonie aus Südafrika. Die Kapregion galt im 17. und 18. Jahrhundert als wahre Schatzkiste für forschende Pflanzensammer. Fast ein Zehntel aller heute bekannten Blütenpflanzen wächst in Südafrika, etwa 24.000 Arten und Unterarten – mehr als in ganz Europa. 1652 wurde in der Gegend um das Kap der Guten Hoffnung eine erste feste Siedlung gebaut, als die niederländische Ostindienkompanie dort eine Proviantstation für ihren Schiffsverkehr nach Indonesien einrichtete. In der Folgezeit durchstreiften Forscher und Botaniker das weite Land nach Gewächsen und brachten heute noch beliebte Zierpflanzen nach Europa.

LINKE ABBILDUNG:
Josef Anton Högler, Orangerieszene mit allegorischer Darstellung der Weltteile Europa und Asien (um 1745) Mainfränkisches Museum, Würzburg

RECHTE ABBILDUNG:
Myrte Weinmann, Eigentliche Darstellung (1735)

N.745.
d
f
e
b
c

Viele Sukkulentenarten gehörten zu den Neuentdeckungen, aber auch die Schmucklilie (Agapanthus), die Gartengladiole (Gladiolus), die Zimmerkalla (Zantedeschia) und nicht zuletzt die Geranien – eigentlich Pelargonien. Keine südafrikanische Blumengattung verbreitete sich in Europa auch nur im entferntesten so schnell und erfolgreich wie die Pelargonie. Erste Exemplare schickte der Botaniker Paul Hermann (1646–1695), ein bedeutender Erforscher der südafrikanischen Flora, nach Holland. 1686 gab es im Botanischen Garten von Leiden zehn Pelargonien-Arten, 1727 waren es bereits siebenundzwanzig. 1808 zählte der Berliner Botanische Garten neunundachtzig Arten, und 1829 finden sich im privaten Pflanzenkatalog eines pelargonienvernarrten Arztes hundertvierzig .

Bis zum Ende des 18. Jahrhunderts bereicherten ausschließlich Wildformen der Pelargonie die Orangerien der Kenner und Liebhaber. Allerdings wuchsen die meisten damaligen Arten mit langen kahlen und verholzten Stängeln und vergleichsweise wenigen und kleinen Blüten.

Zu Beginn des 19. Jahrhunderts fing man deshalb an, verschiedene Sorten und Arten miteinander zu kreuzen, um Exemplare mit dichterem Laub und großen Blüten zu erhalten. Um 1840 kamen die ersten echten Beetpelargonien (Pelargonium zonale) auf den Markt. Innerhalb weniger Jahrzehnte entstand eine Vielzahl von Kulturvarietäten. In der Gartenkultur sind heute fast ausschließlich Hybridsorten anzutreffen. Ihre ursprünglichen Stammarten finden sich nur noch in botanischen Gärten und bei Spezialisten.

Rund ums Kap wachsen heute etwa fünfzig verschiedene Pelargonienarten, darunter die auffällige bis zu zwei Meter große Kapuzenblättrige Pelargonie (P. cucullatum) oder die kriechende Myrrhenblättrige Pelargonie (P. myrrhifolium).

Zu den ersten Pelargonien, die Europa erreichten, gehörte Pelargonium triste. Sie und die unscheinbare kletternde Gicht- oder Knotenpelargonie (P. gibbosum) eroberten im 17. und 18. Jahrhundert die Orangerien weniger wegen ihrer hübschen kleinen Blüten als vielmehr wegen ihres angenehmen nächtlichen Dufts. Zwar enthalten alle Pelargonien-Arten spezifische Duftstoffe, doch besitzen einige Arten besonders angenehm duftende Blätter, die an den Geruch von Zitronen, Rosen, Minze oder im Fall der Gichtpelargonie sogar von Marzipan erinnern.

Die Gruppe der Duftpelargonien wurde bereits sehr früh nicht allein in der herrschaftlichen Orangerie oder im großbürgerlichen Glashaus gepflegt. Duftpelargonien gehören zu den ersten Gewächsen, die tatsächlich ganzjährig einen Platz in der Wohnstube fanden. Neben der Gichtpelargonie war das vor allem die stark nach Zitrone und Apfel duftende P. odoratissimum, die zu Beginn des 18. Jahrhunderts in Europa eingeführt und 1720 in Leiden kultiviert wurde, von da aus nach England und etwas später auch nach Deutschland gelangte und zur erklärten Lieblingspflanze Johann Sebastian Bachs (1685–1750) wurde. Um die Mitte des 18. Jahrhunderts begann sich Pelargonium odoratissimum als Zimmerpflanze in den Stuben der einfachen Leute auszubreiten. Im 19. Jahrhundert steigerte sich die Beliebtheit dieser und verwandter Arten noch weiter. Die rosenduftenden P. gravolens und P. radens und zahlreiche Hybriden kamen im Verlauf des 19. Jahrhundert hinzu. Immergrün, nicht besonders groß, für die Pflege im Topf auf der damals noch sehr kühlen Fensterbank geeignet, im Winter blühend und duftend, erfüllten die Duftpelargonien alle Ansprüche, die damalige Zimmergärtner an sie stellten. Zunächst erscheint es erstaunlich, dass nicht etwa eine auffällige Blütenpflanze, sondern ein eher unscheinbares Gewächs mit sperrigem Wuchs und mit wenig spektakulären Blüten zu den frühesten dauerhaften Bewohnern des Zimmers gehört. Bei den damals gerade neu eingeführten exotischen Pflanzen galten ästhetische Gesichtspunkte nur bedingt. Man sammelte in jener Zeit alles, was einen fremden Namen hatte, ohne Rücksicht darauf zu nehmen, ob die Pflanze durch eine schöne Blüte oder andere Eigenschaften die Mühe, die man auf sie verwandte, auch lohnte. Das mag ein Grund sein, dass sich die optisch wenig ansprechenden Wildpelargonien in der Zeit um 1800 zu ausgesprochenen Modepflanzen entwickeln konnten. Doch dürfte neben dem Reiz des Exotischen noch ein weiterer Umstand dazu beigetragen haben, dass ausgerechnet die wilden Pelargonien vom Kap der Guten Hoffnung die Wohnstube für sich erobern konnten: Die Wohnverhältnisse waren vielfach noch immer katastrophal und ähnelten denen früherer Jahrhunderte. Stadtwohnungen selbst des gehobenen Bürgertums waren sehr klein. In den engen, dunklen und verwinkelten Häusern gab es keine vernünftige Wasserversorgung. Badezimmer waren selten, die Toiletten im Hof; Nachttöpfe wurden manchmal sogar in der Küche abgestellt und aus dem Fenster entlehrt. Nicht viel besser sah es auf den Straßen aus. Schmutz und Gestank auf den meist ungepflasterten Straßen ohne regelmäßige Abfallbeseitigung waren allgegenwärtig.

Zitronatzitrone, *Knorr, Thesaurus rei herbariae (1772)*

4. 1. 2. 3.
Citreum Florentinum fructu suavis-
simo Risler. H. Carolsr. Arg. 6. Cedro da Florenza. Volkam. Hesp. Nor. I. 114.
Florentinischer
Citronat.
153.

RECHTE ABBILDUNGEN: **Verschiedene Aloen** Weinmann, Eigentliche Darstellung (1735)

LINKE ABBILDUNG: **Tigeraloe** Weinmann, Eigentliche Darstellung (1735)

Der Gestank selbst in großen Städten wie London, Paris oder Berlin muss so schlimm gewesen sein, dass Damen und Herren der Gesellschaft sich nur mit kleinen Duftsträußen in der Hand auf die Straße wagten, an denen sie schnupperten, wenn die Gerüche all zu schlimm wurden. In Kew Gardens bei London gibt es ein kleines Gärtchen, in dem all die Pflanzen versammelt sind, die man im 17. Jahrhundert für so einen Duftstrauss nutzte. Die schlichten Pelargonien vom Kap waren so gesehen eine elegante Möglichkeit, die Raumluft dauerhaft zu verbessern und gleichzeitig noch ein Gewächs aus einem fremden fernen Land bei sich zu haben.

Die Fensterbank war nicht selten der bescheidene Ersatz der Städter für die eigentliche Gartenfreude, die sich nur begüterte Personen leisten konnten. In dieser Zeit wurde erstmals versucht, auf den Fensterbänken möglichst viel Grünes und Blühendes unterzubringen. Meist fehlte es mehr an Platz als an Zeit, die man für die Pflege aufwenden konnte. Und so drängten sich auf vielen Fensterbänken neben den Pelargonien auch Myrten, Kamelien oder sogar Palmen. Diese Zeit des späten 18. und frühen 19. Jahrhunderts ist die wahre Geburtsstunde unserer Zimmerpflanze. In der Allgemeinen Gartenzeitung von 1826 heißt es treffend: *Es nahet die Zeit, ja sie ist schon eingetreten, da Flora unsere Gärten verlässt, und nur im Zimmer noch uns ihre reizenden Gaben spenden will. Sie schmückt den lieblichen Wohnsitz unserer Hausfrauen und wird liebkoset und zärtlich gepflegt von ihnen.*

Um einen ganz besonderen Liebhaber exotischer Pflanzen soll es im nächsten Kapitel gehen.

Von der Orangerie auf die Fensterbank

Zitronatzitrone (Citrus medica) Die Zitronatzitrone wird auch als Zedratzitrone, medischer Apfel oder Judenapfel bezeichnet. Ursprünglich stammt sie aus dem indischen Raum, wo sie in einigen Hochtälern noch immer wild vorkommt. Heute ist sie in subtropischen und semitropischen Gebieten auf der ganzen Welt verbreitet. Sizilien, Kreta, Korsika und Puerto Rico sind ihre Hauptanbaugebiete. Der Name Zedrat leitet sich von dem griechischen Wort cedros für Zeder ab und soll wohl den besonderen Duft der Frucht beschreiben. Die Zitronatzitrone dürfte die erste Zitrusfrucht gewesen sein, die Europa erreichte und Römern, Griechen und Persern bekannt war. Im 13. Jahrhundert beschreibt Albertus Magnus die Pflanze in seinen »Sieben Büchern über die Gewächse«. Der strauchartige Baum wird bis zu drei Meter hoch und trägt große weiße oder rötlich-purpur gescheckte Blüten, aus denen die eiförmigen Früchte hervorgehen. Die unregelmäßig geformte Frucht ist je nach Standort und Sorte gelblich-grün bis goldgelb und mit einer bizarr gefurchten und rauen Schale ausgestattet. Das gelbgrüne Fruchtfleisch enthält nur wenig Saft, ist bitter-sauer im Aroma und enthält zahlreiche Samen.

Für den Frischverzehr ist die dickschalige Frucht nicht geeignet. Zumeist wird sie zu Zitronat oder Marmelade verarbeitet. Warme und luftfeuchte Standorte sind für die Kultur der Zitronatzitrone von Vorteil. Neben der Limette ist Citrus medica die kälteempfindlichste Zitrusart. Daher ist für ausreichende Wärme und für guten Windschutz zu sorgen. Hohe Temperaturen fördern die Fruchtreife. Im Winter sollte sie hell und luftig bei 4 bis 8°C stehen. Am dunklen Platz fallen die Blätter ab, regenerieren sich aber im Frühjahr. Die Zitronatzitrone ist gut an tiefgründige, humusreiche und gut drainierte Böden angepasst. Regelmäßige Düngergaben und reichlich Wasser ohne Staunässe fördern das Wachstum. Abgestorbene und kranke Äste sollten sofort entfernt werden.

Tigeraloe (Aloe variegata) Die Art ist im westlichen Südafrika und in Namibia heimisch. Im Unterschied zu vielen großen Spezies der über dreihundert Arten zählenden Familie Aloe wird die Tigeraloe nur dreißig Zentimeter hoch, eine Eigenschaft, die sie schon früh zu einer beliebten Zimmerpflanze werden ließ. Die robusten Pflanzen gedeihen an jedem einigermaßen hellen Fenster, vertragen viel Sonne, nehmen aber auch Halbschatten nicht übel. Da die Tigeraloe trockene Luft liebt, ist sie eine ideale Pflanze für das beheizte Zimmer. Im Sommer kann sie im Freien gehalten werden, den Winter sollte sie aber im Haus verbringen. Während der warmen Jahreszeit ist die Pflanze dankbar für regelmäßige Dünger- und Wassergaben, wobei Staunässe unbedingt zu vermeiden ist. Im Winter kommt sie mit weniger Wasser aus. Bei guter Pflege erscheinen die charakteristischen roten Blüten an langen Rispen, wie sie auch auf dem Bild von Josef Anton Högler zu sehen sind.

Zimmerkalla

NÄCHSTE SEITEN:
Pierre-Auguste Renoir, Blumen im Gewächshaus *(1864)*
Hamburger Kunsthalle

Pelargonie

Zimmerkalla *(Zantedeschia aethiopica)* Trotz ihres Namens stammt die Zimmerkalla tatsächlich aus Südafrika. Im späten 17. Jahrhundert erstmals erwähnt, gelangte eine Kalla 1731 zum ersten Mal nach England und entwickelte sich in der Viktorianischen Zeit zu einer begehrten Gewächshaus- und Wintergartenpflanze, die auch als Schnittblume für üppige Blumenbouquets Verwendung fand. Um 1900 gehörte sie zu den beliebtesten Pflanzen der Jugendstilkünstler. Der Maler Auguste Renoir hat auf einem Bild der Hamburger Kunsthalle ein Treibhaus in einer Gärtnerei dargestellt, in dem eine langstielige Kalla zwischen anderen früh blühenden Gewächsen auf ihre Weiterverwendung in der Blumenbinderei wartet. Trotz ihres Namens wird die Zimmerkalla für die Fensterbank eigentlich zu groß. Besser ist sie – wie schon im 19. Jahrhundert – im Wintergarten oder in einem Gewächshaus aufgehoben. In Südafrika wächst sie in Gebieten, die zeitweise sehr feucht und sumpfig sind, in der Trockenzeit jedoch beinahe steppenartig. Die Kalla benötigt in ihrer Wachstumsperiode daher viel Sonne, einen durchlässigen Boden und reichlich Wasser bei 22 bis 25°C. Den Sommer kann sie auch draußen verbringen, braucht aber einen Regenschutz. Die Knolle benötigt in der Ruhezeit eine beinahe ausgedörrte Umgebung und sollte kühl und frostfrei gelagert werden. Schon im Januar kann man die Knollen erneut antreiben. Findet die Kalla geeignete Wachstumsbedingungen vor, entwickelt sie im späten Winter ihre charakteristischen langen Blütenstängel. Neben der weißblühenden Z. aethiopica werden im Handel die goldene Z. elliotiana mit gelber Blüte angeboten, vermutlich eine Hybride aus dem späten 19. Jahrhundert, und die rosafarbene Z. rehmannii. Diese Arten blühen im Frühsommer bzw. im August und haben entsprechend andere Ruhezeiten.

Duftpelargonien *(Pelargonium)* Aus wenigen südafrikanischen Wildarten ist inzwischen eine unübersehbare Vielfalt an Zuchtformen entstanden. Die Blätter der Duftpelargonien enthalten ätherische Öle, die nach Pfefferminze, Eukalyptus, Zitrone, Gewürznelke, Anis, Apfel, Rosen und anderem duften können. Insgesamt gibt es wohl über fünfzig verschiedene Duftnoten. Aus einigen Arten wird das »Geraniumöl« hergestellt und sogar ein Ersatz für das teurere echte Rosenöl. Manche Sorten tragen auffällige Blüten, andere blühen oft Jahre lang überhaupt nicht. Einige Arten werden recht groß, manche bleiben klein und kompakt. Ihre Pflege ist relativ einfach. Am wohlsten fühlen sich die Pflanzen in sandigem, kalkigem guten Boden. Dann wachsen sie sehr rasch und vertragen viel Wasser. Überwintern können sie entweder wie Balkongeranien kühl und frostfrei oder in der Wohnung an einem hellen Fenster. Sie sind für das Zimmer ebenso geeignet wie für Balkon und Terrasse.
Einige seit dem späten 18. und frühen 19. Jahrhundert bekannte Arten und Züchtungen: Die rosenduftende Pelargonium capitatum gehört zu den Arten, aus denen ätherisches Öl gewonnen wird; die strauchartige Pflanze wird bis zu einem Meter groß. Die Sorte »Attar of Roses« ist eine seit 1800 bekannte Hybride von P. capitatum mit intensivem Rosenduft. Sie wird bis sechzig Zentimeter hoch und hat rosa Blüten. Pelargonium »Lady Plymouth« ist seit 1805 bekannt und ebenfalls eine Hybride von P. capitatum. Grün-weiß panaschierte Blätter und ein minziger Rosenduft zeichnen diese attraktive Pflanze aus. Die Wildform von Pelargonium gravolens ist die Stammmutter vieler Duftpelargonien. Sie ist sehr variabel in Gestalt und Geruch. Es gibt Typen, die eher nach Minze duften und andere mit zitronig-rosigem Aroma. Die bis zu einem Meter hohe Pflanze wächst strauchartig. Pelargonium radens ist eine weitere Art, aus der das rosenduftende Geraniumöl gewonnen wird. Johann Sebastian Bachs Lieblingspflanze Pelargonium odoratissimum hat neben den wunderbar duftende Blättern winzige weiße Blüten, die wie ein Spitzenschleier herabhängen. Zu den derzeit beliebtesten Duftpelargonien gehört die 1820 entstandene Züchtung Pelargonium »Prince of Orange« mit einem Aroma nach Orangenschalen, kompaktem und aufrechtem Wuchs.

Auf Goethes Fensterbank

LINKE ABBILDUNGEN:
Pelargonie Weinmann, Eigentliche Darstellung (1735)

Iris Weinmann, Eigentliche Darstellung (1735)

RECHTE ABBILDUNG:
Johann Joseph Schmeller, Goethe und sein Schreiber (1831) Stiftung Weimarer Klassik

Das Bild der barocken Orangerie in Würzburg zeigt neben den neu eingeführten afrikanischen Gewächsen noch eine weitere besondere Pflanze. Neben der Tigeraloe liegen einige leuchtend rote Blüten der aus Nordamerika stammenden Trompetenwinde (Campsis radicans). Um 1620 in die gärtnerische Kultur eingeführt, war die wunderschöne, als nicht winterhart geltende Pflanze in den europäischen Orangerien weit verbreitetet. So sah auch Johann Wolfgang von Goethe auf seiner Reise durch Italien im Botanischen Garten von Padua im September 1786 *eine hohe und breite Mauer mit den feuerroten Glocken der Trompetenwinde.* Die reiche Blüte und die schöne Farbe machten einen solchen Eindruck auf den Dichter, dass er sie später in seinem eigenen Garten in Weimar stets mit besonderer Aufmerksamkeit bedachte. Denn Goethe war neben all seinen anderen Interessen und Verpflichtungen Zeit seines Lebens ein begeisterter Botaniker und naturforschender Gärtner. Für seine botanischen Studien legte der Dichter ein Herbarium an. Er interessierte sich für Gartenbau, befasste sich mit der Metamorphose der Pflanzen, setzte sich mit den Schriften Linnés auseinander, förderte die Gründung des Botanischen Gartens in Jena, pflegte eine weitreichende und langjährige Zusammenarbeit mit professionellen Botanikern und Naturforschern wie etwa Alexander von Humboldt und trug eine umfangreiche naturkundliche Bibliothek zusammen. Zeitweise versuchte er sogar seinen Hausgarten am Frauenplan in Weimar in einen systematisch-botanischen Garten umzugestalten.

Im Botanischen Garten von Padua bewunderte Goethe jedoch nicht allein die Trompetenwinde. Sein Interesse erregte auch ein Exemplar der im Mittelmeerraum heimischen Zwergpalme (Chamaerops humilis). An ihr entwickelte er das Konzept und die Theorie der Metamorphose der Pflanzen, die ihn noch lange Zeit nach dem Italienaufenthalt beschäftigen sollte und die er 1790 in Form der berühmten Elegie veröffentlichte. Nachweislich gesehen hat Goethe ein Exemplar, das bereits 1585 im Garten von Padua gepflanzt worden war. Das vielstämmige Gewächs ist heute fünf Meter hoch und trägt den Ehrentitel »Goethe-Palme«. Seit 1874 wird sie während der kalten Jahreszeit vollständig von einem Glashaus in Tempelform umgeben. Eine Gedenktafel weist auf die denkwürdige Begegnung des Dichters mit der Pflanze hin. In dem Aufsatz »Geschichte meiner botanischen Studien« berichtet Goethe von dieser »Fächerpalme« – wie er sie nannte –, die seine ganze Aufmerksamkeit auf sich zog. Detailliert beschreibt er die besondere Gestalt der Pflanze und die Veränderungen, die aus dem Wachstum der Blätter resultieren. Fasziniert von den Verwandlungen, bat Goethe einen Gärtner, ihm Blätter in den verschiedenen Wachstumsstadien zu überlassen. Noch heute erinnern getrocknete Palmblätter in seinem Herbarium daran. Möglicherweise handelt es sich bei den getrockneten Blättern sogar um genau jene von der Goethe-Palme, denn der Dichter notierte: *... ich belastete mich mit einigen großen Pappen, um diesen Fund mit mir zu führen. Sie liegen, wie ich sie damals mitgenommen, noch wohlbehalten vor mir, und ich verehre sie als Fetische, die meine Aufmerksamkeit zu erregen und zu fesseln völlig geeignet, mir eine gedeihliche Folge meiner Bemühungen zuzusagen schienen.* Zurück in Weimar galt Goethes Interesse weiterhin der Botanik. Bereits 1775 konnte er nach seiner Übersiedlung nach Weimar den »Garten am Stern« übernehmen, in dem er viel Zeit verbrachte. In dem dazugehörigem Gartenhaus richtete er sich für eine Weile sogar häuslich ein. Nach seinem Umzug in die Stadt 1792 nutzte er vor allem den

Carl Spitzweg, Der Pfarrer als Kaktusliebhaber *(1856)*
Sammlung Georg Schäfer, Schweinfurt

Garten seines Wohnhaus am Frauenplan für botanische Forschungen, vielfältige Beobachtungen und nicht zuletzt für das vergnügliche Beisammensein mit seiner Familie, Freunden und den vielen Besuchern. Über den Pflanzenbestand in Goethes Gärten sind wir gut unterrichtet. Er zog Obst und Gemüse – etwa Erdbeeren und Spargel – für den täglichen Gebrauch, aber auch viele Gartenblumen und Zierpflanzen. Hyazinthen gehörten dazu, Hortensien, Iris und Madonnenlilien, Rosen, Malven oder die damals neuen Georginen oder Dahlien, die Alexander von Humboldt aus Mexiko mitgebracht hatte. Und natürlich pflegte er verschiedene Pelargonien, die auch in Weimar sehr beliebt waren. So wurden 1829 auf einer Ausstellung des dortigen Gartenvereins, deren Ehrenmitglied Goethe war, sieben verschiedene Pelargoniensorten gezeigt. Für den sommerlichen Aufenthalt seiner Topfpflanzen im Freien ließ er eine besondere Stellage im Garten anfertigen, um die Pflanzen angemessen zu präsentieren. Goethes Interesse an den Gewächsen ist gewiss als eine Folge der Erfahrungen mit der üppigen mediterranen Flora auf der Italienreise zu sehen. So schrieb er im April 1787 begeistert über die öffentlichen Gärten von Palermo: *Die vielen Pflanzen, die ich sonst nur in Kübeln und Töpfen, ja die größte Zeit des Jahres nur hinter Glasfenstern zu sehen gewohnt war, stehen hier froh und frisch unter freiem Himmel.* Der Garten und die damit verbundene Arbeit waren für Goethe aber auch Inspiration und geistige Herausforderung und nicht zuletzt Resultat seiner Sammelleidenschaft. Die berühmten Schränke und Zimmerfluchten in Weimar bezeugen heute seine universale Neugier, die sich auf Belebtes wie Unbelebtes, Werke der Kunst wie auch ungewöhnliche Vertreter aus der Natur richtete. Diese Sammlung von Kunst- und Naturdingen, zu denen auch die Gewächse gehörten, steht in der langen Tradition der Kunst- und Wunderkammern, in denen möglichst viele Objekte verschiedener Art gleichberechtigt nebeneinander gesammelt wurden.

So ist es nicht weiter verwunderlich, dass Goethe trotz seiner Begeisterung für die Welt der Gartengewächse sich in bescheidenerem Umfang auch mit der Pflege von Zimmerpflanzen befasst hat. Für den unermüdlichen Sammler und Forscher war die Beschäftigung mit Topfpflanzen im Haus eine Fortsetzung zur Arbeit mit den Pflanzen im Garten. Für uns ist Goethes gut dokumentierte Auseinandersetzung mit den Zimmerpflanzen eine Spur, der wir nachgehen können, um mehr über die Auswahl der Pflanzen im Wohnbereich in der Zeit des frühen 19. Jahrhunderts zu erfahren. Dass Goethe sich für die Pflege von Topfpflanzen in der Wohnung interessierte, beweist das 1831 von Johann Josef Schmeller gemalte Porträt des Dichters. Der Maler hat Goethe in seinem Arbeitszimmer beim Diktat dargestellt. August John, der Schreiber am Sekretär, lauscht aufmerksam den Worten seines Arbeitgebers. Auf der schmalen Fensterbank im Hintergrund sind zwei Grünpflanzen zu erkennen. Das Gewächs links am Fenster ist nicht eindeutig zu identifizieren, könnte aber möglicherweise eine Art aus der Gattung der Schlangenkakteen sein, die Goethe kannte. Er notierte 1824: *... macht es wohl einiges Vergnügen die schöne Blüte des Cactus Hexagonus wie sie in Jena sich gezeigt.* Cactus Hexagonus ist die ältere Bezeichnung für Selenicereus grandiflorus, die berühmte »Königin der Nacht«, deren nur eine einzige Nacht währende Blütenpracht schon damals das Publikum nachhaltig beeindruckte.

Die Heimat der »Königin der Nacht« liegt in feuchtwarmen Gegenden Mexikos und in der Karibik. Die allermeisten Kaktusgewächse wachsen jedoch wild in den steinigen Wüsten der tropischen und subtropischen Zonen, seltener auch in den gemäßigten Breiten Mittel- und Nordamerikas. Seit dem 16. Jahrhundert sind amerikanische Kakteen in Europa bekannt. Waren sie damals noch selten, verbreiteten sie sich im 17. Jahrhundert in botanischen Gärten und in den Pflanzensammlungen der Wohlhabenden. Bald fanden die merkwürdigen Pflanzen Bewunderer in breiten Schichten der Bevölkerung. Im 19. Jahrhundert entwickelte sich die Kakteenzucht zu einem weitverbreiteten Steckenpferd, das von den Fürstenhäusern und wohlhabenden Kreisen bis in die Stuben der einfachen Leute ausstrahlte. Carl Spitzweg hat die Kaktusliebhaberei auf seinen Bildern dokumentiert. Dort betrachten und pflegen Pensionäre ihre Lieblinge auf der Terrasse, kommen Angestellte in Amtsstuben ihren blühenden Pfleglingen auf der Fensterbank näher oder schmücken Hausfrauen die Fenster ihrer malerischen Häuser in der Altstadt mit Kästen voller Kakteen. Bei Spitzweg sind die liebevoll in kleine Alltagsgeschichten eingebetteten Darstellungen der stacheligen Gesellen zu einem Symbol für die Welt der kleinen Leute geworden. Die genügsamen Gewächse nahmen die Temperaturschwankungen in den damaligen Wohnungen nicht übel und beanspruchten wenig

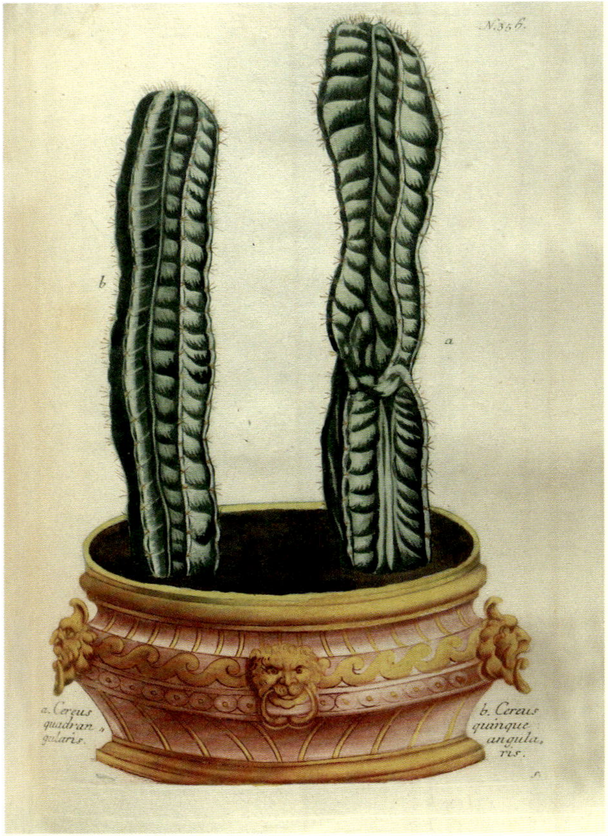

Platz. Einige Gattungen wie die Opuntien ließen sich leicht vermehren. Mit kleinbleibenden Arten lassen sich zudem auf der Fensterbank beeindruckende Kakteensammlungen zusammentragen, deren Pflege sich in der Regel auf gelegentliche Wasser- und Düngergaben beschränkt. Gleichwohl blieben sie gemeinsam mit den etwas später populär werdenden Orchideen im ganzen 19. Jahrhundert ein begehrtes Sammelobjekt für wohlhabende Gewächshaus- und Wintergartenbesitzer.

Goethe hat sich lange für Kakteen interessiert. So schrieb er 1829 in sein Tagebuch: *Schön blühende Cactus waren angekommen.* Seine Kakteen konnte er damals bereits von einer spezialisierten Gärtnerei und Samenhandlung in Erfurt beziehen, die sich neben dem Import vor allem der Zucht verschiedener Kakteenarten verschrieben hatte. Zu den bereits im 17. Jahrhundert kultivierten Arten, die Goethe mit Sicherheit gekannt hat, gehört der aus der Karibik stammende Melocactus intortus, der sogenannte »Schwiegermutterstuhl«. Er ist gemeinsam mit Opuntia ficus-indica, dem Feigenkaktus, im Pflanzenkatalog des »Hortus Eysttensis« von 1613 abgebildet. Damit gehört die Opuntie zu den am frühesten in Mitteleuropa nachgewiesenen Kakteengattungen. Als Nutzpflanze verbreitete sie sich bald in ganz Südeuropa. Goethe begegnete ihr auf Sizilien. Zu den dortigen Kaktuspflanzungen schrieb er am 1. Mai 1787: *Gegen Misterbianco standen die Kaktus schon wieder in Zäunen; Zäune aber, ganz von diesen wundersam gebildeten Gewächsen, werden in der Nähe von Catania immer regelmäßiger und schöner.* In seinen Notizen findet sich auch der Vorsatz, *den Samen der Indianischen Feige* mitzunehmen. Im selben Jahr fertigte Goethe die zarte Bleistiftstudie einer Opuntie an, die heute von der Klassik Stiftung Weimar gehütet wird. Zurück in Weimar, setzte er seine Beobachtungen an den faszinierenden Gewächsen fort. Auf seiner Fensterbank ließ er Opuntiensamen keimen, die sich in der dunklen Stube allerdings nicht weiter entwickelten, wie er zu seinem Bedauern feststellen musste. Vermutlich benutzte er, um die Keimung zu fördern, eine Glasglocke, die man über die Aussaat setzten konnte. Diese Form der Anzucht auf der Fensterbank war im ganzen 19. Jahrhundert weit verbreitet. Auf Schmellers Porträt steht neben dem Kaktus ein mit einer Wuchshilfe versehenes unscheinbares Blattgewächs. Es handelt sich um ein sogenanntes Brutblatt (Kalanchoe pinnata), das volkstümlich auch als »Goethepflanze« bezeichnet wird, so sehr sind

LINKE ABBILDUNGEN:
Kakteen *Weinmann, Eigentliche Darstellung (1735); Knorr, Thesaurus rei herbariae (1772)*

RECHTE ABBILDUNG:
Kakteen

Goethe und die Blattpflanze im allgemeinen Bewusstsein zu einer Einheit verschmolzen. Kennen gelernt hat Goethe die Pflanze wahrscheinlich 1817 in den Großherzoglichen Botanischen Sammlungen des Belvedere bei Weimar.
Bis zum Ende seines Lebens pflegte Goethe das Brutblatt sorgsam als seinen besonderen Liebling und verschenkte Nachzuchten an zahlreiche Freunde, denen er das Gewächs zu sorgfältiger Pflege und Beobachtung empfahl. Bis 1830 kultivierte Goethe acht Generationen des Brutblattes. Er war fasziniert von dessen besonderer Art der Fortpflanzung. Der Dichter staunte über die Fähigkeit der Pflanze, an den Kerben älterer Blätter sich später ablösende und selbstständig entwickelnde Pflänzchen hervorzubringen. Das *unermüdliche Sprossen und Sichverjüngen, dieses immerfort wachsende Lebende* wurde für ihn zum *Bild und Gleichnis des Wesens, von dem wir uns gar kein Bild machen sollen.*
Die Vermögen einiger Pflanzen, sich selbständig entwickelnde Pflänzchen hervorzubringen, hat Goethe noch an einem anderen Gewächs begeistert, nämlich an unserer altvertrauten Grünlilie (Chlorophytum comosum). 1827 hatten in Leipzig Pflanzenauktionen stattgefunden, bei denen Pflanzen dieser damals in Europa unbekannten Art erworben und in die Botanischen Sammlungen des Belvedere gebracht wurden, wo Großherzog Carl August Goethe auf diese Pflanze aufmerksam machte. Auf Goethes Bitte übergab der Herzog dem Dichter ein Pflänzchen, das er in den nächsten Jahren intensiv beobachtete und pflegte. 1828 wandte Goethe sich an befreundete Botaniker und bat um die Bestimmung der faszinierenden Unbekannten, die insgesamt unter sechs verschiedenen Namen beschrieben wurde. 1873 stellte sich heraus, dass die Art bereits vor 1800 unter dem Namen Antherium composum bekannt geworden war, ohne dass lebende Pflanzen nach Europa gelangt waren. Goethe beobachtete und protokollierte das Wachstum der Grünlilie über Monate hinweg. 1829 schrieb er sogar einen kurzen Aufsatz darüber, der zu seinen Lebzeiten jedoch nicht mehr gedruckt wurde. 1830 zeigt er seinem gehörig beeindruckten

Gesprächspartner Johann Peter Eckermann seine »Luftpflanze«. Fasziniert von der Fähigkeit der Grünlilie, aus den Blütentrieben dichte Büschel von Tochterrosetten zu treiben, bezeichnete Goethe die Grünlilie als ein »botanisches Wunder«.

Goethes Interesse an den Gewächsen des Zimmers und des Gartens fällt in eine Zeit, die man als Hochblüte der Botanik bezeichnen kann. Erleichtert wurde die Erforschung der Pflanzenwelt durch das von dem schwedischen Botaniker Carl von Linné (1707–1778) entwickelte, bis heute gültige System zur Klassifizierung der Pflanzen, das auf den Reproduktionsorganen der Gewächse gründet. Linné führte den in der Wissenschaft gebräuchlichen zweiteiligen lateinischen Namen für die einzelnen Arten ein, ja begründete überhaupt erst den Artbegriff. Das Studium und die Pflege einheimischer wie exotischer Gewächse entwickelte sich im Verlauf des 18. Jahrhunderts zur Freizeitbeschäftigung von immer mehr Menschen. Botanisieren und die Gartenlust gehörten geradezu zum guten Ton in jener Zeit. So entwickelte sich auch das Sammeln seltener Pflanzen, die von den Forschungsexpeditionen mitgebracht wurden, von der im privaten und unter Gleichgesinnten gepflegten Liebhaberei zu einem Zeitvertreib mit hohem gesellschaftlichen Status, an den sich bald ganz neue Wirtschaftszweige anschlossen. Es entstanden Spezialgärtnereien wie Goethes Bezugsquelle in Erfurt, in denen seltene Gewächse nachgezüchtet und für weniger begüterte Pflanzenfreunde verfügbar gemacht wurden. Ihre erfolgreiche Pflege, Züchtung und Veredelung verlangte jedoch zunehmend nicht nur Überwinterungsmöglichkeiten wie Orangerien und Pomeranzenhäuser, sondern ganzjährig nutzbare Glas- und Treibhäuser. Seit 1770 ist zu beobachten, dass sich Glashäuser zunehmend in bürgerlichen Gärten verbreiteten, nachdem sie ja vorher vor allem in fürstlichen und botanischen Gärten zu finden waren. Immer praktischere und auch kostengünstigere Formen wurden entwickelt. Besonders die vermehrte und billigere Flachglasproduktion erleichterte die Anschaffung auch für bescheidenere bürgerliche Anlagen. Das entzückende Puppengewächshaus von 1840 aus dem Historischem Museum in Frankfurt a. M. ist ein Beispiel für die neuen schlichten Glashäuser der bürgerlichen Kultur. Es belegt zudem, wie sich im Verlauf des 19. Jahrhunderts Aufbewahrungsorte für Topfgewächse und Wohnräume einander zunehmend angleichen. Für Goethes Gärten ist kein Glashaus überliefert. Zum Vortreiben von Blumen und Gemüse und vielleicht auch zum Überwintern empfindlicher Pflanzen wie der Pelargonien dienten ihm die althergebrachten Mistbeete. Diese in den Boden eingelassenen Kästen erhielten ihre Wärme von Pferdemist und Lohe. Aufgelegte einfache Glasfenster nutzten die Sonne, und Matten schützten vor dem ärgsten Frost.

Das größte Problem bei der Beschaffung neuer Arten stellte allen technischen Neuerungen zum Trotz nach wie vor der Transport der Pflanzen aus ihren Herkunftsländern nach Europa dar. In der Regel wurden die gesammelten Gewächse auf Schiffen befördert, was bis weit ins 19. Jahrhundert ein schwieriges Unterfangen war. Die Passagen dauerten sehr lange. Nicht selten gingen ganze Ladungen mit vielen tausend Pflanzen zugrunde, weil die Fracht falsch versorgt wurde, die Pflanzen den Temperaturwechsel nicht vertrugen oder gelegentlich sogar dem Zorn der Seeleute zum Opfer fielen. Was dies alles mit der Meuterei auf der Bounty zu tun hat, davon handelt das nächste Kapitel.

Puppengewächshaus *(um 1840) Historisches Museum, Frankfurt*

NÄCHSTE SEITEN:
Trompetenwinde *Schmidt, Österreichs allgemeine Baumzucht (1792)*

Zwergpalme *Weinmann, Eigentliche Darstellung (1735)*

Goethepflanzen

Trompetenwinde *(Campsis radicans)* Die Trompetenwinde wächst wild in den östlichen Vereinigten Staaten von New Jersey bis Iowa und südlich bis Florida und Texas. Im Südosten der USA gilt sie als Unkraut, in anderen Teilen Nordamerikas ist sie hingegen eine beliebte Gartenpflanze. Erstmals gelangte der Wurzelkletterer aus den damaligen französischen Kolonien um 1620 nach Paris und von da aus in viele andere Gärten Europas. Seit 1630 ist sie in deutschen Gärten nachgewiesen, 1655 im herzoglich-schleswigschen Garten von Gottorf. In den folgenden Jahrzehnten wurde die Art in Europa ständig vermehrt und weitergegeben, und Mitte des 18. Jahrhunderts gab es kaum noch einen botanischen Garten oder Liebhabergarten, in dem die Trompetenwinde nicht vorhanden war. Heute kultiviert man die Trompetenwinde in Deutschland als Park- und Gartenpflanze in verschiedenen Sorten mit hellroten, dunkelroten oder scharlachroten Blüten. Der vitale, blühfreudige Strauch klettert mit Haftwurzeln an Mauern und Wänden empor und wird frei ausgepflanzt fünf bis zehn Meter hoch, im Kübel etwa zwei bis drei Meter. Er blüht von Juli bis September

Tab. 43 α

N. 784.
a
b
c

und benötigt einen sonnigen und windgeschützten Standort, durchlässigen Boden und im Sommer viel Wasser. Mit einem entsprechenden Schutz kann die Trompetenwinde im Freien überwintern.

Zwergpalme (*Chamaerops humilis*) Die einzige europäische Palmenart ist in allen wärmeren Gegenden des europäischen Mittelmeerraums und im nordwestlichen Afrika zu finden. Die mehrstämmig und buschig wachsende Zwergpalme bildet ab zwanzig Zentimeter Höhe die ersten Seitentriebe. Sie wächst langsam, kann aber bei guter Pflege schon recht früh blühen. Während sie in ihrer Heimat fünf Meter hoch wird, erreicht sie im Kübel maximal drei Meter. Ihr Standort sollte hell und sonnig bis halbschattig sein. Die Zwergpalme bevorzugt kalkhaltigen Boden und benötigt im Sommer reichlich Wasser. Überwintern sollte die Pflanze bei kühlen Temperaturen möglichst nicht über 10°C; kurzzeitig verträgt sie sogar etwas Frost.

Feigenkaktus (*Opuntia ficus-indica*) Der Feigenkaktus gehört zur größten und am weitesten verbreiteten Kakteengattung. Die Gattung Opuntia verzeichnet etwa vierhundert Arten, heimisch vom Süden Kanadas bis fast nach Feuerland, in der Karibik und auf den Galapagos-Inseln. Die robuste Opuntia ficus-indica stammt ursprünglich aus Mexiko, wird inzwischen jedoch in vielen Mittelmeerländern und in Indien wegen ihrer schmackhaften roten oder orangefarbenen Früchte angebaut. Auf den Kanarischen Inseln wird sie zudem als Wirtspflanze für die Cochenille-Laus kultivert, aus der Karmin – ein leuchtend roter Naturfarbstoff für Lippenstifte –, alkoholische Getränke und viele weitere Produkte gewonnen werden. In der Natur kann der Feigenkaktus bis zu fünf Meter hoch werden. Im Sommer entwickelt er attraktive gelbe Blüten. Der Feigenkaktus wird heute meist als Zimmerpflanze kultiviert, während er im 19. Jahrhundert mit anderen Arten den Sommer über im Freien und sogar im Balkonkasten gezogen wurde. Carl Spitzwegs Bilder geben Auskunft über diese Praxis. Weniger bekannt ist hingegen, dass es auch kleinwüchsige, vollständig winterharte Züchtungen gibt, die allerdings einen trockenen Standort verlangen. Der Feigenkaktus bevorzugt einen hellen, vollsonnigen Platz am Südfenster, im Sommer wenn möglich im Freien bei regelmäßigen Düngergaben und mäßiger Bewässerung. Trockenperioden werden besser vertragen als stauende Nässe.

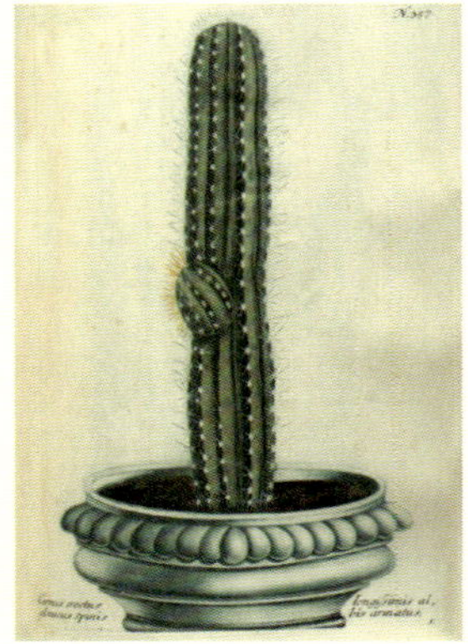

LINKE ABBILDUNGEN:
Feigenkaktus *Knorr, Thesaurus rei herbariae (1772)*

Kaktus *Knorr, Thesaurus rei herbariae (1772)*

RECHTE ABBILDUNG:
Königin der Nacht *Weinmann, Eigentliche Darstellung (1735)*

Verbringt der Feigenkaktus den Sommer draußen, muss er kühl bei einer Temperatur von 4 bis 10°C überwintern und sollte nur einmal im Monat wenig gegossen werden. Die kühle und fast trockene Überwinterung fördert die Blüte.

Königin der Nacht (*Selenicereus grandiflorus*) Der Name »Königin der Nacht« ist eine Sammelbezeichnung für großblütige, nachts blühende Kakteen mit meist weißen, duftenden Blüten, die von Fledermäusen bestäubt werden. Neben Arten der Gattung Selenicereus werden umgangssprachlich auch weitere Gattungen mit ähnlichen Blüten so bezeichnet. Selenicereus grandiflorus stammt aus Mexiko und der Karibik. Seine kräftigen, blaugrünen Triebe wachsen schnell, sind reich verzweigt, können bis zu drei Meter hoch werden und haben nadelartige kurze Stacheln. Die spektakulären leuchtend weißen Blüten öffnen sich nur während einer einzigen Nacht im Jahr. Sie werden bis zu dreißig Zentimeter groß und verströmen einen süßen Duft. Die robusten Pflanzen benötigen nährstoffreiche und feuchte, gut durchlässige Erde. Während ihres Wachstums und der Blütezeit sollte die »Königin der Nacht« reichlich gegossen werden. Sie schätzt feuchte Luft. Am Südfenster, wo sie Sonne und Frischluft hat, ist sie gut aufgehoben. Die Pflanze sollte auch in der kühlen Jahreszeit hell und luftig bei etwa 10°C stehen und nur mäßig oder fast gar nicht gegossen werden. Das ist für den nächsten Blütenansatz wichtig. Die kletternden Triebe benötigen eine Rankhilfe. Sehr gut gedeiht sie auch im frostfreien Wintergarten.

Brutblatt (*Kalanchoe pinnata*) Goethe kannte das Brutblatt noch unter seinem alten Namen Bryophyllum pinnatum. Heute sind verschiedene ähnlich aussehende Arten der Gattung unter dem Namen »Goethepflanze« im Handel. Die ursprüngliche Heimat des Brutblatts ist nicht mehr genau zu ermitteln, vermutlich stammt es jedoch aus Afrika. Inzwischen ist es jedoch in vielen tropischen und subtropischen Ländern anzutreffen. Anfang des 19. Jahrhunderts wurde das Brutblatt über die Botanischen Gärten in London nach Europa eingeführt. Damit die Pflanzen kräftig wachsen, brauchen sie den sonnigsten Platz in der Wohnung. Im Sommer kann man alle Brutblattarten auch an eine wind- und wettergeschützte Stelle auf dem Balkon oder auf der Terrasse stellen. Das Brutblatt benötigt nur wenig Wasser und Dünger. Im Winter sollte es kühl – bei etwa 10°C – stehen. Unter 5°C kann es sogar wie Kakteen fast trocken gehalten werden. Im geheizten Zimmer werden die Triebe sehr lang, und die Pflanzen kommen nicht zur Blüte. Bei dieser Gelegenheit können zu hohe Brutblätter eingekürzt werden.

Grünlilie (*Chlorophytum comosum*) Die gute alte Büropflanze stammt aus den feuchten Küstenregionen Südafrikas. Bis heute gehört das rund dreißig Zentimeter hoch werdende, schier unverwüstliche Gewächs dank seiner Robustheit, des attraktiven Aussehens und der leichten Vermehrbarkeit zu den beliebtesten Zimmerpflanzen und wird gerne als Hängepflanze verwendet. Die langen, biegsamen und verzweigen Blütenstängel der Grünlilie bringen kleine weiße Blüten hervor. Nach der Blüte bilden sich die Jungpflanzen, die eine rasche Ausbreitung ermöglichen. Die Wildform der Grünlilie hat grüne Blätter. Bekannter und weiter verbreitet sind in der Kultur jedoch die Sorten mit weißen oder gelben Streifen. Die Grünlilie ist frostempfindlich, kann im Sommer jedoch bedenkenlos im Freien stehen. Ansonsten ist sie sehr robust und stellt kaum Ansprüche an Substrat, Standort und Beleuchtung. Schatten, Kälte, trockene Heizungsluft, selbst unregelmäßige Wasser- und Düngergaben werden anstandslos ertragen. Ein großer Topf, ausreichend Licht und Luft sowie genügend Wasser und Dünger tragen jedoch sichtbar zum Wohlbefinden von Goethes »botanischem Wunder« bei.

LINKE ABBILDUNG:
Brutblatt oder Goethepflanze

RECHTE ABBILDUNG:
Grünlilie

Von der Meuterei auf der Bounty, Wardschen Kisten und Wintergärten

An der schicksalhaften Expedition der Bounty in die Südsee nahm ein Botaniker teil. David Nelson war als Gärtner in Kew Gardens bei London angestellt und hatte als Wissenschaftler bereits die letzte Reise von James Cook in die Südsee begleitet. Seiner Erfahrungen mit der Südseeflora wegen war er von dem einflussreichen Naturforscher, Botaniker, Leiter von Kew Gardens und Teilnehmer früherer Cook-Expeditionen, Sir Joseph Banks, für die Position des Schiffsbotanikers auf der Bounty empfohlen worden. Nelson wurde der Hilfsgärtner William Brown zur Seite gestellt, der ihn bei seiner Arbeit unterstützen sollte. Ihre gemeinsame Aufgabe sollte es sein, auf Tahiti Stecklinge des Brotfruchtbaums (Artocarpus altilis) zu sammeln und während der Reise zu den Antillen zu versorgen. Joseph Banks hatte die vitaminreiche, ähnlich einer Süßkartoffel schmeckende und in Europa wenig bekannte Brotfrucht auf James Cooks erster Weltumsegelung kennen gelernt und als geeignete Gegenmaßnahme zu der auf den Karibikinseln grassierenden Hungersnot empfohlen. Die Besitzer der großen Zuckerrohrplantagen auf Jamaika verlangten nach einem ständig verfügbaren und preiswerten Grundnahrungsmittel für ihre Sklaven. Der robuste Brotfruchtbaum schien ideal. Er benötigt nur wenig Pflege und seine Früchte können das ganze Jahr über geerntet werden. Statt jedoch die Beschaffung und Überführung der Stecklinge selbst durchzuführen, erwirkten die Plantagenbesitzer die Finanzierung des Projekts durch die Krone.
Um die Kosten für die Expedition gering zu halten, wurde ein ehemaliger ziviler Kohletransporter auf den neuen Namen Bounty – englisch für Freigebigkeit – getauft und zu einem segelnden Treibhaus umgebaut. Zum Kapitän wurde William Bligh ernannt, der ebenfalls von Banks für dieses Projekt empfohlen worden war. Wie Nelson hatte er James Cooks dritte Reise mitgemacht und dabei auch Tahiti kennen gelernt. Er war mit den Verhältnissen vor Ort vertraut. Ohne das Wohlwollen der einheimischen Machthaber wäre das Abnehmen und Bewurzeln einer derartigen Anzahl von Stecklingen kaum möglich gewesen. Die Vorrichtungen zur Sicherung der Gewächse auf dem Schiff beschreibt Kapitän Bligh in seinem abschließenden Bericht über die Umstände der Reise: *Die große Kajüte war für die Aufnahme der Pflanzen vorgesehen und reichte bis an die hinterste Öffnung im Verdeck. Das Licht fiel durch zwei große Fenster von oben herein, und je drei Seitenluken sorgten für die Durchlüftung. Die Kajüte war mit Gestellen angefüllt, deren Löcher die Töpfe mit den Pflanzen aufnehmen sollten. Das Deck war mit Blei belegt, und in den Ecken der Kajüte waren Röhren angebracht, die das von den Pflanzen abfließende Wasser in darunter stehende Tonnen ableiteten, damit es weiter zum Gießen der Pflanzen gebraucht werden konnte und nicht verloren ging.* Bligh verzichtete zum Wohle der Pflanzen auf die ihm als Kapitän zustehende Kajüte und begnügte sich mit einer kleinen Schlafstelle und einem Speisezimmer in der Mitte des Schiffs. Auch James Cook hatte auf seinen Weltumsegelungen bei Bedarf die Hauptkajüte an die Naturforscher und ihre Objekte abgetreten. Im Dezember 1787 brach die Bounty zu jener denkwürdigen Expedition in die Südsee auf, an deren Ende es zur Meuterei kommen sollte. Die Bounty erreichte Tahiti im Oktober 1888. Die Mannschaft konnte dort fünf paradiesische Monate verbringen, da sich der Brotfruchtbaum zur Ankunftszeit in einer Ruhephase befand und nicht sofort Stecklinge zu ziehen waren. Mit Hilfe der Eingeborenen und der Mannschaft wurden die Stecklinge eingesammelt, für die Topfkultur vorbereitet und in Pflanzgefäße gesetzt. Die insgesamt

Robert Dodd (1748–1815), Die Meuterei auf der Bounty
Australische Nationalbibliothek, Canberra

BOUNTY

1015 Brotfruchtpflanzen lagerte man an Land, erst kurz vor der Abfahrt wurden sie *im besten Zustand* an Bord gebracht. Nebenbei sammelte Nelson weitere Pflanzen, die Banks dem Kapitän besonders empfohlen hatte. Im April 1789 verließ die Bounty Tahiti. Trotz sorgsamer Pflege kränkelten einige Bäumchen und gingen ein. Nelson und Brown nutzten Kurzaufenthalte zur Proviant- und Wasseraufnahme, um frische Pflanzen aufzunehmen.

Am 28. April kam es zur Meuterei. Kapitän Bligh und neunzehn Mann der Besatzung – darunter Nelson – wurden in ein Beiboot gesetzt, das nur notdürftig mit Proviant, Wasser, Instrumenten und Waffen ausgestattet war. Der Gärtner William Brown schloss sich hingegen den Meuterern an. Er wurde 1793 auf der Insel Pitcairn ermordet. Bligh schaffte es nach einer aufreibenden Fahrt, alle ihm Anvertrauten in einundvierzig Segeltagen über 5.800 km zu dem niederländischen Stützpunkt Kupang auf der Insel Timor zu navigieren. Für David Nelson nahm die Reise dennoch kein gutes Ende. Er starb, geschwächt von den Strapazen, am 20. Juli 1789 in Kupang an einer Vergiftung durch ihm unbekannte Beeren. Von Nelsons Forschungsarbeit ist nur wenig übrig geblieben. Wir wissen immerhin, dass er auf der Fahrt mit Cook ein Exemplar der Hawaii-Baumwolle (Gossypium drynarioides) sammeln konnte. Die Art, deren Blüten an Hibiskussträucher erinnern, ist auf den Hawaiiinseln heute sehr selten geworden.

Und was passierte mit den von Nelson mühsam behüteten Brotfruchtsetzlingen, deren Transport die ganze Expedition eigentlich galt? Die Meuterer sollen fast alle über Bord geworfen haben. William Bligh erhielt nach seiner Rückkehr nach England übrigens den Auftrag zu einer zweiten Brotfruchtreise, diesmal auf einem besser geeigneten und größeren Schiff, das von einer Eskorte begleitet wurde. Auftragsgemäß brachte er die Bäumchen im Winter 1793 nach St. Vincent und nach Jamaika.

Die Bounty hatte ähnlich wie zuvor die Endeavour und die Resolution unter dem Kommando von James Cook Botaniker an Bord, deren Aufgabe es war, neue Arten zu sichten, zu ordnen und zu präparieren. Bei Landgängen sammelten sie repräsentative Exemplare, notierten Besonderheiten der Umgebung und geologische Details. Die Pflanzen wurden gezeichnet oder gemalt, gepresst, in Alkohol konserviert, und gelegentlich wurden Stecklinge genommen, um lebende Exemplare mit nach Hause zu nehmen. Für die Leidenschaft, mit der damals die Suche nach neuen Arten

RECHTE ABBILDUNGEN:
Aloen Weinmann, Eigentliche Darstellung (1735)

LINKE ABBILDUNG:
Fächerpalme in der Stuttgarter Wilhelma

und das Sammeln von Pflanzen betrieben wurde, gibt es mehrere Gründe: Zum einen versuchte man bereits bestehende wissenschaftliche Sammlungen durch bisher unbekannte Arten zu ergänzen, zum anderen betraf die Suche nach neuen Pflanzen auch Gewächse von möglicher ökonomischer Bedeutung. Die Brotfrucht-Expedition der Bounty ist so ein Fall, hier sollte die Wirtschaft Jamaikas gestärkt werden. Wie wir bereits bei der Betrachtung von Goethes Blumenfenster und der Pflanzenauswahl in den Orangerien gesehen haben, waren neue Arten in den Städten Europas bei wohlhabenden Sammlern höchst begehrt. So wurde der Import und der Handel mit Neuheiten aus dem Pflanzenreich ein lukratives Geschäft, an dem viele verdienen konnten.

Cook und Bligh ließen auf ihren Schiffen spezielle Plätze für die Pflanzen einrichten und steckten mit ihren persönlichen Ansprüchen an Platz und Komfort zurück. Mit Nelson oder Banks wurden Spezialisten verpflichtet, die sich ausschließlich um das Wohlergehen der gesammelten Spezies kümmerten und diese, wenn nötig, auch vor Übergriffen der Besatzung schützten. Doch wurden damals längst nicht alle gesammelten Gewächse so gut versorgt, und nicht überall hatten die Kapitäne Sinn für die sich anhäufenden Sammlungen oder räumten den Forschern bei ihren Landaufenthalten genügend Zeit zum Sammeln ein. Und nicht immer unterstützte die Besatzung die Naturforscher bei ihrer Arbeit. Gelegentlich kam es sogar vor, dass der Kapitän die als störend empfundene Tätigkeit der Naturforscher kurzerhand unterband und die bereits angehäufte Sammlung verderben ließ.

Im Gefolge der Naturforscher, deren Hauptaugenmerk auf der wissenschaftlichen Erfassung der Pflanzenwelt lag, entwickelte sich im frühen 19. Jahrhundert ein neuer Beruf. Der kommerziell tätige Pflanzenjäger nahm in dieser Zeit seine Arbeit auf. Es waren bezahlte Sammler, die der steigenden Nachfrage nach neuen und exotischen Pflanzen Rechnung trugen. Sie suchten nach attraktiven Gewächsen für den ständig wachsenden heimischen Markt. Häufig waren es ausgebildete Gärtner, die auch das nötige botanische Hintergrundwissen hatten. Das Leben der Pflanzenjäger war entbehrungsreich, aufregend und nicht selten gefährlich. Viele sammelten vor allem Orchideen, weil mit diesen das meiste Geld zu machen war. Im Auftrag von Gärtnereien und Kaufleuten brachten sie aber auch zahlreiche andere Gewächse nach Europa, die wir heute noch in unseren Gärten und Wohnungen halten. Rhododendren und Azaleen, das Tränende Herz, Winterjasmin und Forsythien, Araukarien und sogar den Mammutbaum sowie die gigantische Seerose Victoria amazonica verdanken wir professionellen Pflanzensammlern. Viele neue Farne wurden auf diese Weise für die Wohnzimmer verfügbar gemacht. Auf diese Weise kam der Ritterstern (Hippeastrum), umgangssprachlich fälschlich auch Amaryllis genannt, im späten 18. und frühen 19. Jahrhundert in Mengen nach England. Auch der 1829 eingeführte Weihnachtskaktus (Nopalxochia ackermannii) und der Weihnachtsstern (Euphorbia pulcherrima), der lange Zeit wenig beachtet wurde, bis er in den Vereinigten Staaten als wunderschöne Weihnachtsdekoration entdeckt wurde, erreichten so unsere Fensterbänke.

Die meisten Pflanzenjäger waren Männer, aber auch Frauen konnten sich in diesem aufregenden Beruf behaupten. Sie alle hatten ganz unterschiedliche Auftraggeber. Amalie Dietrich (1821–1891) etwa war im Auftrag der Hamburger Reeder- und Kaufmannsfamilie Godeffroy in Australien tätig, die ständig Nachschub für ihre private Sammlung verlangte. Für die 1808 gegründete Londoner Gärtnerei Veitch & Sons brachte Thomas Lobb (1811–1894) aus den Dschungeln Südostasiens bizarre fleischfressende Kannenpflanzen mit. Die Gärtnerei Veitch war in ihren besten Zeiten die vielleicht größte ihrer Art in Europa. Sie hatte Filialen in mehreren Städten und war in mehrere Abteilungen gegliedert. Neben solchen für Gartengewächse gab es etwa Abteilungen für Orchideen, Farne, tropische Pflanzen oder Neueinführungen. Die Firma beschäftigte zweiundzwanzig Pflanzensammler, die exklusiv für Veitch tätig waren. Botanische Gärten oder Organisationen wie die Royal Horticultural Society rüsteten ebenfalls Expeditionen aus und beauftragten Pflanzenjäger mit der Suche nach neuen Arten. Manche Sammler wie der Deutsche Carl Albert Purpus (1851–1941), der in Amerika vor allem Kakteen sammelte, waren selbstständig und erfüllten Aufträge verschiedener Organisationen. Gesammelt wurden bis ins 19. Jahrhundert hinein hauptsächlich Samen, Früchte, Zwiebeln und Knollen, weil sie sich immer noch am einfachsten transportieren ließen. In den Spezialgärtnereien, die ihr Sortiment von den bis dahin üblichen Nutzpflanzen auf die lukrativeren Zierpflanzen umgestellt hatten, bemühte man sich, aus den Samen Pflänzchen für den Verkauf zu ziehen und wenn möglich

RECHTE ABBILDUNGEN:
Rückansicht des Glasgewächshauses

Eine Wardsche Kiste in den Kew Gardens, London

LINKE ABBILDUNG:
Ein moderner Nachfolger der Wardschen Kiste: Efeu im Glasgewächshaus im Tiffany-Stil

zu vermehren. So konnte die Öffentlichkeit erstmals exotische Pflanzen zu vernünftigen Preisen erwerben. Versuchte man hingegen lebende Pflanzen zu verschiffen, kamen von der Ladung in der Regel nur wenige Exemplare in sehr schlechtem Zustand an. Die Gewächse wurden in Töpfen oder anderen Behältern transportiert, manchmal auch in verschlossenen hölzernen Kästen oder in Fässern. In der Regel wurden sie als Fracht unter Deck gelagert, wo viele den Lichtmangel nicht vertrugen oder von Ratten gefressen wurden. Mangelhafte oder falsche Pflege wie das Gießen mit Meerwasser gaben den übrigen häufig den Rest. Wenn sie überhaupt eine Überlebenschance haben sollten, so mussten sie regelmäßig an Deck getragen, gelüftet und bewässert werden. Auf Deck waren die Pflanzen jedoch Sonne, Wind und Salzwasser ausgesetzt, den wechselnden Temperaturen und der Gefahr, über Bord gespült zu werden. Das Schicksal der kostbaren Fracht hing daher vor allem davon ab, ob der Kapitän am Erlös beteiligt war. Das steigerte seine Bereitschaft, die empfindlichen Gewächse in die Obhut seiner Kajüte zu nehmen. 1819 beklagte der im chinesischen Kanton tätige Arzt John Livingstone gegenüber der Royal Horticultural Society, dass nur eine von tausend Pflanzen den Transport von China nach Europa lebend übersteht. Entsprechend hoch waren die Preise für noch nicht nachgezüchtete Neuheiten in Europa.

Die Risiken des Pflanzentransports konnten jedoch schließlich durch eine Erfindung, die als sogenannte »Wardsche Kiste« in die Geschichte der Botanik einging, auf ein Mindestmaß reduziert werden. Der englische Arzt Dr. Nathaniel Bagshaw Ward (1791–1868) wollte eigentlich nur einen Schmetterling beim Schlüpfen beobachten. Dazu hatte er die Puppe in eine verschlossene Glasflasche gelegt, die am Boden etwas Erde enthielt. Aus der Erde keimten ein Farn und ein Grashalm, die sich in der abgeschlossenen Atmosphäre mit zirkulierendem Wasserkreislauf gut entwickelten und auch ohne Zutun des Gärtners am Leben erhielten. Erstaunt setzte Dr. Ward das zufällige Experiment fort. Die Pflanzen blieben lange Zeit am Leben, ohne dass er den Deckel des Glases nur ein einziges Mal öffnete. Wards Experiment hat sich bis heute in Gestalt des sogenannten »Flaschengartens« gehalten, der immer wieder einmal für die Zimmergärtnerei empfohlen wird.

Ward wurde klar, dass der verschlossene Glasbehälter die ideale Lösung für den heiklen Transport der Gewächse auf Schiffen sein konnte. Um seine Vermutung zu überprüfen, baute er zwei hermetisch abgeschlossene Kisten, die oben mit einem Glasfenster versehen wurden, um Licht in den Behälter zu lassen. In diese Kisten setzte er Gräser und Farne, versiegelte das Ganze und schickte die Behälter auf eine sechsmonatige Reise nach Australien. Dort angekommen, hatten die Pflanzen nicht nur überlebt, sondern waren sogar noch weiter gewachsen. Offenbar gediehen sie ganz prächtig in ihrer abgeschlossenen Welt. Nach Wards Anweisungen wurden die Kisten nun mit australischen Gewächsen bepflanzt, die nie zuvor eine Reise nach Europa überstanden hatten. Auch sie kamen wohlbehalten, ja sogar weiterentwickelt im Londoner Hafen an. Die Kisten schützten die Pflanzen vor Salzwasser und mechanischen Beschädigungen und sorgten für das notwendige gleichmäßige Mikroklima. 1842 publizierte Ward die Ergebnisse in einem Buch. Das Versenden von Zier- und Nutzpflanzen in den Wardschen Kisten, wie man die praktischen Behälter nach ihrem Erfinder nannte, wurde nun zur Standardmethode, die man nahezu ein Jahrhundert lang zum Pflanzenversand anwendete. Die Kisten konnten je nach Inhalt unterschiedlich groß sein, waren in der Regel luftdicht verschlossen, mit teilweise oder vollständig abnehmbarem Glasdach versehen und enthielten bewegliche Haltevorrichtungen für die verschiedenen Pflanzen. Erst als das Flugzeug das Schiff als Transportmittel ablöste, die Reisezeiten also deutlich kürzer wurden, kam das Ende für die Wardsche Kiste. Ein Foto aus Kew Gardens zeigt das schlichte Äußere einer solchen für den Transport genutzten Reisebox, die noch in den 1960er Jahren in Gebrauch war. Im 19. Jahrhundert verschickte man damit Gräser und Farne von Australien nach England, Teepflanzen von Shanghai nach Indien, Bananen von China nach Fidschi und Samoa und Kautschukpflanzen von Brasilien über London nach Ceylon und Malaya.

Wards Buch erregte jedoch nicht nur das Interesse von Gärtnern und Pflanzenjägern, die nun mit mehr als neunzigprozentiger Erfolgsrate ihre Funde nach Europa schicken konnten. Die Wardsche Kiste wurde in den Häusern wohlhabender Pflanzenfreunde in Großbritannien und den USA zu einem beliebten Einrichtungsgegenstand für Wohn- und Ankleidezimmer oder Flure. Aufgrund der konstanten Luftfeuchtigkeit in ihrem Inneren waren sie ausgezeichnete Schaugefäße, in denen tropische Gewächse wie Farne, fleischfressende Pflanzen oder

INDIA
INDIA

RECHTE ABBILDUNG:
Dattelpalme *Happe, Botanica pharmaceutica (1788–1806)*

LINKE ABBILDUNGEN:
Bergpalme

Der Crystal Palace galt als Hauptattraktion der Londoner Weltausstellung von 1851.

NÄCHSTE SEITEN:
Karl Blechen, Im Palmenhaus auf der Pfaueninsel bei Potsdam *(1833) Hamburger Kunsthalle*

Enid A. Haupt Conservatory *Botanischer Garten, New York*

Orchideen ohne aufwändige Pflege das ganze Jahr über gehalten und ausgestellt werden konnten. Anders als die schlichten Transportbehälter waren die Wardschen Kisten der Wohnräume häufig reich verziert. Viele hatten ungewöhnliche Formen, die den großen Gewächshauskonstruktionen der Zeit nachempfunden waren. Manche enthielten sogar Springbrunnen, andere waren teilweise mit Wasser, Wasserpflanzen und Fischen gefüllt oder als schlichte Kuppeln oder Glocken gestaltet, die für wenig Geld erworben werden konnten. Handbücher für Zimmergärtner aus dem 19. und frühen 20. Jahrhundert enthalten auch Anleitungen zum Eigenbau. Die nächsten Verwandten der Wardschen Kiste für das Wohnzimmer sind die hübschen Miniaturgewächshäuser im Tiffany-Stil, die in Deutschland eine Zeit lang populär waren. Im englischsprachigen Raum hingegen kann man in gut sortierten Läden für Gartenbedarf Nachbauten der viktorianischen Wardschen Kisten kaufen.

Die Wardschen Kisten erhielten das für die Pflege empfindlicher tropischer Gewächse nötige Mikroklima und schützten zugleich die Gewächse vor Ruß, Staub und anderen schädlichen Stoffen in der Luft. Denn sogar innerhalb des Wohnhauses konnte im 19. Jahrhundert die Luft in der Stadt mit Schadstoffen derart gesättigt sein, dass es insbesondere nach der Einführung des Gaslichtes in den 1880er Jahren hieß, die einzige Pflanze, die ohne Schutz in einer Stadtwohnung überleben könnte, sei die Schusterpalme Aspidistra eliator. Das 1824 aus China im Auftrag der Horticultural Society eingeführte Liliengewächs wurde seit etwa 1860 zum beliebten Gewächshaus- und Zimmerschmuck. Bis in die Mitte des 20. Jahrhunderts war die dankbare Aspidistra nahezu allgegenwärtig.

Die fantasievoll gestalteten Wardschen Kisten für die Wohnzimmer waren eine Möglichkeit, in den städtischen Wohnungen exotische Pflanzen mit relativ geringem Platzaufwand zu sammeln und zu pflegen. Doch waren Architektur und Design einem ganz anderen Bautyp abgeschaut. Sie folgten den großen Glas-Eisen-Konstruktionen, die seit der Mitte des 19. Jahrhundert überall in Europa gebaut wurden, wie etwa der riesige von Joseph Paxton konstruierte Crystal Palace. Der Kristallpalast war die Hauptattraktion der Londoner Weltausstellung von 1851. Das extravagante Gebäude war viermal so groß wie der Petersdom in Rom. Es gilt als erstes Bauwerk, das vollständig aus standardisierten, vorgefertigten Bauteilen errichtet wurde. Vorgabe beim Bau war, dass die auf dem Grundstück im Hyde Park wachsende Gruppe mächtiger Ulmen erhalten werden sollte. Zudem sollte man das Gebäude später demontieren können. Tatsächlich überbaute Paxton die großen Bäume mit seiner Konstruktion und bezog sie so in die Ausstellung mit ein. Der Kristallpalast war das Vorbild für ähnliche Ausstellungsgebäude in München oder Paris. Alle diese Konstruktionen waren nicht hauptsächlich Unterkünfte für Gewächse, sondern Schauräume für Produkte aus Wirtschaft, Kultur und Kunst. Der Blick in das Querschiff des Kristallpalastes zeigt die mit großen Bäumen, Palmen und Springbrunnen angefüllte Ausstellungshalle, in der sich zahllose Besucher bewegen. Nach der Weltausstellung versetzte man den Crystal Palace vom Hyde Park in einen Park im Londoner Stadtteil Sydenham, wo er bis zu seiner Zerstörung durch einen Brand 1936 als Museums- und Ausstellungsgebäude diente.

Doch auch in Sydenham wollte man auf Gewächse nicht ganz verzichten. Joseph Paxton konnte 1854 den Palmenbestand einer Spezialgärtnerei erwerben und in den Kristallpalast überführen. Die Gärtnerei Conrad Loddiges gehörte damals zu den Marktführern für Palmen und hatte sich bereits in den 1830er Jahren auf deren Zucht und Verkauf spezialisiert. 150 bis 170 Palmenarten waren ständig im Angebot. Neben seltenen Arten, die vor allem Spezialisten vorbehalten waren, zählten dazu die seit dem Mittelalter bekannte Dattelpalme (Phoenix) oder die ebenfalls etablierte Zwergpalme, die bereits Goethe begeistert hatte, die in der Südsee heimische Kentiapalme (Howeia forsteriana), die Bergpalme (Chamaedorea elegans), die Hanfpalme (Trachycarpus fortunei), verschiedene Fächerpalmen wie etwa Livistonia australis oder die Arten der Banane (Musa).

Zunächst waren Palmen vor allem wegen ihrer wirtschaftlichen Bedeutung von den botanischen Gärten gepflegt und erforscht worden. Dattelpalmen, Kokospalmen oder Ölpalmen liefern Früchte, Fett, Mehl, Öl, Harz oder Fasern und sind bis heute in ihrer Heimat wichtige Nutzpflanzen. Aber sie wirkten auch auf die Fantasie ihrer Betrachter. Die Palme wurde zu einem Sinnbild für die Sehnsucht der Europäer nach fremden Ländern, nach fernen Südseeinseln, auf denen man im Geist das verlorene Paradies ansiedelte. Karl Blechens Darstellung des königlichen Palmenhauses auf der Pfaueninsel bei Potsdam in der

Hamburger Kunsthalle ist die visuelle Umsetzung solcher Fantasien. Die verspielte Architektur des Palmenhauses war mit Teilen eines bengalischen Kiosks angereichert und wurde mit einer der damals größten privaten Palmensammlungen gefüllt. Darüber hinaus bereicherten seit 1830 einige Bewohner der Sandwichinseln und ein Farbiger die exotische Kulisse. Blechen hat auf seinem Bild die tropische Atmosphäre des Raums gesteigert, in dem er einige Haremsdamen in farbenprächtigen Gewändern auf einem Teppich hinzufügte, die der exotischen Pflanzenpracht eine sinnliche Note verleihen. Das orientalisch anmutende Potsdamer Palmenhaus, aber auch die vielen anderen großen und kleinen Gewächshäuser der Zeit waren über ihren praktischen Zweck hinaus Fluchtorte vor den Zumutungen und Verpflichtungen des modernen städtischen Lebens im 19. Jahrhundert. Nicht mehr der Garten unter freiem Himmel und hinter dicken Mauern wurde zum privaten Paradies stilisiert, mit Hilfe der modernen Ingenieurskunst war es erstmals möglich, einen Innenraum mit lebendem Grün so zu gestalten, dass er das ganze Jahr über als Refugium dienen konnte. Die tropischen Gewächse transportierten durch Romane und Reiseberichte genährte Vorstellungen von einem sinnenfreudigen Orient oder einer paradiesischen Südsee. Neben exotischen Pflanzen wurden interessanterweise auch einheimische Gewächse – wie etwa die Ulmen im Crystal Palace – in die künstliche Welt unter Glas einbezogen, während man vorher stets Wert darauf gelegt hatte, möglichst viele Pflanzen im Freien zu kultivieren. Die Jahrhunderte währende Annäherung von Zierpflanze und Wohnraum kam mit den großen Glas-Eisen-Konstruktionen des 19. Jahrhunderts und ihren kleineren Verwandten zu einem Abschluss. Das galt für die herrschaftlichen Palmenhäuser ebenso wie für den großbürgerlichen Wintergarten oder das reich gefüllte Blumenfenster der Arbeiter und Angestellten.

Schönheit, exotische Aura und Genügsamkeit ließen die Palmen bald auch unter Privatleuten beliebt werden. Im Verlauf des 19. Jahrhunderts entwickelten sie sich zu einem beinahe unverzichtbaren Einrichtungselement für Salon und gute Stube. Es gibt kaum Darstellungen großbürgerlicher Interieurs aus der zweiten Hälfte des 19. Jahrhunderts, in denen Zimmerpalmen nicht vorkommen. Einige Arten werden im englischen Sprachgebrauch sogar als »Parlour plant« – als Wohnzimmerpflanze – bezeichnet. Meist wurden sie in relativ kleine, orientalisch anmutende Messingtöpfe gepflanzt. Größere Exemplare stellte man auf den Boden, die übrigen verzierten die vielen Tische, Hocker, Beistelltische oder ähnliche Möbel, die bürgerlichen und adeligen Interieurs dieser Zeit anfüllten. Die höchste Palme im Palmenhaus des Königs in Potsdam stieß schon bald gegen die Decke. Um sie in ihrem Wachstum nicht zu behindern, wurde das Palmenhaus 1845 durch einen turmartigen Aufsatz erhöht. 1880 brannte es mit all seinen Pflanzen ab. Höhenwachstum und Lichtbedürfnis der Palmen bestimmten Ausdehnung und Erscheinung aller großen Gewächshäuser, deren erhöhte Mittelbauten stets für sie reserviert waren. Gut zu erkennen ist dies am Enid A. Haupt Conservatory im Botanischen Garten von New York. Unter der Kuppel des 1899–1902 errichteten zentralen Gebäudes wuchert eine eindrucksvolle Sammlung amerikanischer Palmenarten, die als umfangreichste Kollektion ihrer Art weltweit gilt. Wasserbecken und Orchideen in Töpfen vervollständigen die Ausstattung des nostalgischen Gewächshauses, das einen Eindruck von der ursprünglichen Gestaltung und Bepflanzung eines Glashauses im 19. Jahrhundert vermittelt. Fährt man vom Botanischen Garten in der Bronx weiter an die Südspitze Manhattans, kann man im World Financal Center eine Glas-Eisen-Konstruktion aus dem späten 20. Jahrhundert bestaunen. Die Anschläge vom 11. September 2001 haben das Gebäude stark beschädigt; inzwischen ist es aber wieder aufgebaut. Das zehnstöckige gläserne Winter Garden Atrium mit Marmorfußboden und großer Treppe überspannt sechzehn riesige, symmetrisch angeordnete Königspalmen (Roystonea elata), zwischen denen Besucher ausruhen, sich unterhalten, essen oder erschöpft von ihren Tagesgeschäften schlafen. Das jüngste Beispiel für eine öffentlich zugängliches Gewächshaus bietet vielleicht der Auepavillon auf der Documenta 2007 in Kassel. In Anlehnung an den Crystal Palace und verwandte Konstruktionen sollte das Glashaus nach den Vorstellungen der Ausstellungsmacher Kunst und Natur gleichermaßen aufnehmen. Ebenso wie der Crystal Palace wird es nach der Ausstellung demontiert werden. Die Nähe zum wunderschönen Kasseler Orangeriegebäude sorgt für Bezüge zwischen vergangener und gegenwärtiger Gewächshausarchitektur. Leider hat das durchgängig aus gewelltem durchsichtigen Kunststoff und Metall errichtete Gebäude keinerlei Ähnlichkeit mit der eindrucksvollen Architektur des 19. Jahrhunderts oder gar des

LINKE ABBILDUNG:
Gewächshaus in der Stuttgarter Wilhelma

RECHTE ABBILDUNG:
World Financial Center, New York

gar des Barocks, die als prächtige Verpackung der in ihrem Inneren aufbewahrten Schätze diente. Vielmehr gleicht es den gewerbsmäßig genutzten, schlichten Treibhäusern der Nutzpflanzengärtnereien. Zudem stellte die Konstruktion sich kurz vor der Eröffnung der Schau als ungeeignet für die licht- und wärmempfindliche Kunst heraus. Behelfsmäßig mussten daher Dach und Wände mit Jalousien und Stoffsegeln abgeschirmt werden. Dennoch verweist auch der Auepavillon der Documenta auf die weiterhin lebendige Vorstellung einer Einheit von Natur und Kunst und auf den uralten Wunsch, die Zusammenhänge zwischen dem Sammeln und Ausstellen natürlicher und künstlicher Produkte zu erforschen.

Bis zum Ende der 1870er Jahre hatten die Topfpflanzen alle Innenräume erreicht. Die unverwüstlichen Zimmerpalmen und andere großblättrige Gewächse oder solche, die in Ampeln gesetzt werden konnten, gehörten nun zur Grundausstattung der bürgerlichen Wohnung. Virginia Woolf meinte sogar, die Wohnungen würden geradezu unter den Grünpflanzen ersticken. Topfpflanzen besetzten Treppenaufgänge und Hauseingänge. An Spalieren eroberten Schlingpflanzen Wände und Decken, sogenannte Zimmerlauben konnten ganze Wände bedecken. In ihrem Buch über das amerikanische Heim beschreiben Catherine Beecher und ihre Schwester Harriet Beecher Stowe wie Efeuranken in Flaschen, in feuchten Schwämmen ausgesäter Flachs oder in Wasserschalen gelegte Süßkartoffeln in kurzer Zeit zu wunderschönem grünen Schmuck für Fenster oder Deckengesimse heranwachsen. Der schwedische Maler Carl Larsson hat zahlreiche Darstellungen bürgerlicher Interieurs mit Blumenfenstern hinterlassen. Das gegen Ende des 19. Jahrhunderts gemalte Bild seines Landhauses bei Falun zeigt einen blühenden Ritterstern und viele weitere Blüten- und Blattpflanzen in Töpfen und Ampeln. Sie bereichern das behaglich eingerichtete Zimmer, dessen aufmerksame Bewohnerin mit dem kleinen Tisch vor der Fensterbank eine zusätzliche Abstellfläche für ihren blühenden Zimmerschmuck geschaffen hat.

Wer es sich leisten konnte, nutzte jedoch nicht allein die Wohnräume, um die Pflanzensammlung unterzubringen. In großen und wohlhabenden gärtnerisch ambitionierten Haushalten wurden separat stehende Gewächshäuser nach dem Vorbild der großen öffentlichen Schauanlagen errichtet. Es gab sogar Spezialhäuser für die verschiedenen Arten: Warmhäuser für Orchideen und Farne, Kalthäuser

RECHTE ABBILDUNG:
Carl Larsson, Eine Frau in einem Interieur *(1885)*
Privatbesitz

LINKE ABBILDUNG:
Gewächshaus in der Stuttgarter Wilhelma

W.C. JARVIS.
1884

RECHTE ABBILDUNG:
Brotfruchtbaum

LINKE ABBILDUNG:
Schusterpalme (hinten rechts) W. C. Jarvis, Der Wintergarten (19. Jahrhundert) Privatbesitz

für Kamelien und solche für die Kakteensammlungen. In etwas kleinerem Maßstab und für Haus und Wohnung in der Stadt geeignet, entstand in der zweiten Hälfte des 19. Jahrhunderts der Wintergarten, der meist ebenerdig an die Südseite eines Wohnhauses angebaut wurde. Es gab aber auch Konstruktionen für Dächer oder solche für Balkone. Besonders in englischen und französischen Stadthäusern der Zeit galt der Wintergarten als unverzichtbar. Aber auch in Deutschland errichtete man Häuser, in denen ein Raum mit besonders großen Fenstern ausgestattet wurde, die im Sommer teilweise herausgenommen werden konnten.
Wintergarten- und Gewächshauskonstruktionen wurden bereits im 19. Jahrhundert aus normierten Einzelteilen hergestellt, die sich beliebig miteinander kombinieren ließen und sich zu kompletten Baukastensystemen addierten. Vom kleinen Wintergartenanbau bis hin zum riesigen Gewächshaus aus Kuppelbau und Seitenflügeln konnte nach den Wünschen und dem Geldbeutel des Auftraggebers jeder Traum verwirklicht werden. Preiswerteste Möglichkeiten waren tiefe Doppelfenster, in deren Zwischenraum Pflanzen untergebracht wurden, und kleine Terrassentreibhäuser. Freistehende Glashäuser wie die feudalen Anlagen in Schönbrunn, Nymphenburg oder das große Pflanzenhaus des Duke of Devonshire in Chatsworth luden zum Verweilen nach Besichtigung der grünen Pracht ein und waren mit Sitzgelegenheiten ausgestattet. Man trank dort Tee, empfing Besucher oder träumte sich für eine Weile in die exotische Heimat der Gewächse. Temperatur, Luftfeuchtigkeit und das gesamte Klima waren jedoch auf die Bedürfnisse der kostbaren Bewohner abgestimmt. Der städtische Wintergarten hingegen wurde viel stärker in den Wohnbereich einbezogen. Er war vom Salon, von der Bibliothek oder dem Speisezimmer aus zugänglich und einsehbar. So hatte man auch von dort einen Blick ins Grüne, wo die Stadt die Natur verdrängte. Zudem erweiterte der Wintergarten den Wohnraum. Viele Bilder aus der Zeit zeigen Personen zwischen den üppig wuchernden Gewächsen der Glashäuser und Wintergärten. Maler wie Edouard Manet oder James Tissot siedelten ihre Gesellschaftsbilder und Porträts gerne vor dem vieldeutigen Hintergrund exotischer Gewächse an. Dennoch mussten sich ambitionierte Gärtner auch damals schon die Frage stellen, ob sie in erster Linie ein zusätzliches Wohnzimmer haben wollten oder einen entsprechend ausgestatteten Lebensraum für die Pflanzen. In dem eleganten Pariser Gesellschaftszimmer mit offenem Durchgang zum Wintergarten fiel die Entscheidung eindeutig zugunsten der menschlichen Bewohner. Der Wintergarten dürfte – obwohl üppig mit Palmen bepflanzt – nur einer relativ kleinen Pflanzenauswahl als Unterkunft gedient haben. Der offene Durchgang beeinflusste ja auch Temperatur und Luftfeuchtigkeit der Wohnräume. Diese Form des Wintergartens diente vor allem als luxuriöse Erweiterung des Salons, sie war ein Prestigeobjekt der wohlhabenden Besitzer.
Doch konnte – wie in den feudalen Orangerien – die Pflanzensammlung auch weiterhin den gesellschaftlichen Rang des Sammlers vor Augen führen. Am offensichtlichsten tritt dieser Aspekt bei den im 19. Jahrhundert am meisten begehrten Blütenpflanzen hervor, den Kamelien und Orchideen.

Tropenzauber im Wohnzimmer

Brotfruchtbaum *(Artocarpus altilis)* Weltweit werden in den Feuchttropen verschiedene Arten der Gattung Artocarpus mit essbaren Früchten angebaut, so etwa der bekanntere Jackfruitbaum (Artocarpus heterophyllus). Der rasch wachsende, bis zu 25 Meter hohe Brotfruchtbaum ist als Zimmerpflanze wohl kaum geeignet, doch begegnet man ihm gelegentlich in botanischen Gärten. Ursprünglich war er in der malayischen Region zuhause. Erst kolonisierende Polynesier brachten das Gewächs in den pazifischen Raum. Heute wird er weltweit angebaut. Aus den unauffälligen Blütenständen entwickeln sich die gelblichgrünen kugelförmigen Früchte, deren stärkehaltiges Fleisch gekocht oder gebraten gegessen wird. Brotfruchtbäume gedeihen am besten in tiefem, fruchtbarem und durchlässigem Boden in geschützter Lage. Die Vermehrung erfolgt durch Samen, Wurzelstecklinge oder oberirdische Ableger.

Schusterpalme *(Aspidistra eliator)* Die ersten Schusterpalmen kamen im 19. Jahrhundert aus Japan nach Europa, heimisch ist die Art jedoch in China. Die unverwüstliche und für lange Zeit beinahe allgegenwärtige Art ist sehr genügsam. In Mitteleuropa gezogene Pflanzen vertragen sogar leichten Frost. Geschätzt wird die Schusterpalme vor allem wegen ihrer geringen Ansprüche an Licht und Luftqualität; unter guten Bedingungen wächst sie jedoch üppiger. Am wohlsten fühlt sie sich im luftigen Schatten oder Halbschatten. Sie sollte nicht zu oft gegossen und vor Staunässe geschützt werden. Ihre Blätter sehen gesünder aus, wenn sie gelegentlich feucht abgewischt werden. Hat man besonders viel Glück, überrascht das Liliengewächs sogar mit cremefarbenen bis dunkelpurpurnen Blüten. Der Autor W. F. Harvey hat der Schusterpalme in der gruseligen Erzählung »Der Mann, der Aspidistras hasste« ein literarisches Denkmal gesetzt.

Kannenpflanzen (*Nepenthes*) Die Gattung der fleischfressenden Nepenthes umfasst nahezu siebzig Arten, die zumeist aus Indonesien und den tropischen Regionen Asiens stammen. Thomas Lobb brachte um 1847 die bis zu drei Meter hoch kletternde Art Nepenthes sanguinea mit leuchtend roten Kannen von seiner Reise durch die Bergregenwälder Malaysias mit. Aus Borneo führte Lobb Nepenthes albomarginata ein. Alle Kannenpflanzen locken Insekten an, die in der Flüssigkeit der zu Kannen umgewandelten Blätter ertrinken und von der Pflanze als Nahrung aufgenommen werden. Die Pflanzen benötigen hohe Luftfeuchtigkeit, einen halbschattigen Standort und feuchten, fruchtbaren Boden. Je nach Herkunftsgebiet sollte die Temperatur auch im Winter zwischen 8 und 10°C liegen. Damit sind die fleischfressenden Kannenpflanzen geeignete Kandidaten für Treibhäuser.

Weihnachtsstern (*Euphorbia pulcherrima*) Der Weihnachtsstern ist im englischen Sprachraum nach einem seiner Entdecker als »Poinsetta« bekannt. Er stammt ursprünglich aus Mexiko. Nach Europa kam er in den 30er Jahren des 19. Jahrhunderts, vegetierte dort aber lange als wenig beachtete Gewächshauspflanze. Inzwischen gehört er als beinahe allgegenwärtige Weihnachtsdekoration zu den am meisten verkauften Blütenpflanzen fürs Zimmer. Der Strauch kann im Freien bis zu 3,5 Meter hoch werden, gedeiht dort aber nur in frostfreien, vorzugsweise subtropischen Gegenden auf fruchtbaren Böden in sonniger Lage. Neben den auffälligen, leuchtend roten Hochblättern der Wildform werden Sorten mit rosa oder cremefarbigen Blättern angeboten. Der Weihnachtsstern blüht von Anfang November bis Ende Januar und mag es hell und warm. Den Sommer verbringt er gerne draußen im Halbschatten. Während der Blüte verträgt der Weihnachtsstern reichlich Wasser, in der Ruhepause kommt er mit sehr wenig Feuchtigkeit aus.

Kentiapalme (*Howeia forsteriana*) Die Heimat der Kentiapalme ist die kleine Lord Howe Insel vor der Küste Australiens. Ihre Samen sind ein wichtiger Exportartikel der Inselbewohner. In der Natur wird die Kentiapalme über sechs Meter hoch. Im Topf erreicht sie bei guter Pflege mehr als zwei Meter. Die pflegeleichte Howeia forsteriana und ihre nächste Verwandte, die etwas größer werdende Howeia belmorena, bevorzugen halbschattige bis schattige luftige Standorte, die im Sommer auch draußen liegen können. Reichlich Wasser und Dünger im Sommer danken sie mit gutem Wachstum und langer Lebensdauer. Sie sollten nicht zu kühl und zu dunkel überwintern.

Kannenpflanze

NÄCHSTE SEITEN:
Weihnachtsstern

Kentiapalme

Kameliensammlung und *Orchidelirium*

Die Kamelie ist seit dem 18. Jahrhundert mit ihren vielen Sorten eine beliebte Zierpflanze. Wegen seiner Größe und seiner Ansprüche an Temperatur und Luftfeuchtigkeit ist der immergrüne Strauch im Gewächshaus oder im Garten am besten aufgehoben. Doch wenn man seine Wünsche berücksichtigt, lässt er sich durchaus auch im Zimmer kultivieren. Botaniker verzeichnen an die zweihundertfünfzig verschiedene Kamelienarten. Die Mehrzahl der vielen tausend Sorten für den Garten stammt von Camellia japonica ab, die im frühen 18. Jahrhundert erfolgreich nach Europa eingeführt wurde. Die ersten Kamelien jedoch erreichten Europa vermutlich bereits im 16. Jahrhundert von Südchina. In den Gärten Ostasiens war die Kamelie seit jeher ein beliebter Zierstrauch mit reicher Symbolik. Sie spielte eine Rolle bei Hofzeremonien und lieferte den begehrten Tee. So war die Kamelie auch in Europa lange Zeit nur als Teepflanze ein Begriff. Camellia sinensis, deren Blätter und Triebe den grünen und schwarzen Tee ergeben, ist nämlich die nächste Verwandte der prächtigen Kamelienarten, die wegen ihrer wunderschönen Blüten das Entzücken der Gartenfreunde erregten.

Die ersten blühenden Kamelienexemplare sind 1739 in England nachgewiesen. Bei der Kultivierung der Kamelie ging man jedoch zunächst von der irrigen Annahme aus, die Pflanzen benötigten hohe Temperaturen für ihr Wohlergehen. Viele Exemplare mussten ihr Leben in überheizten Treibhäusern lassen, bis sich herausstellte, dass man sie – zumindest in gemäßigten Lagen – durchaus im Freien halten kann und dass einige Sorten sogar frosthart sind. In England fiel diese Eigenschaft erstmals gegen Ende des 19. Jahrhunderts auf, als mit dem Verfall vieler Gewächshäuser die Kamelien auch ohne schützende Dächer den Winter überlebten. In den subtropischen Gärten und Parks auf Madeira kann man das ganze Jahr über üppige Kamelienwäldchen bestaunen, die ohne Überwinterungshilfen auskommen. In kälteren Gebieten brauchen die meisten Kamelienarten jedoch einen Frostschutz. So gedeiht seit 1801 im Schlosspark von Pillnitz bei Dresden eine riesige japanische Kamelie. Der Legende nach soll sie der schwedische Botaniker Carl Peter Thunberg (1743–1828) von seiner Japanreise mitgebracht haben. Um sie vor Kälte und Frost zu schützen, wickelte man die Pflanze zunächst in Stroh- und Bastmatten. Später baute man Holzkonstruktionen oder beheizbare Holzhäuser in der Art der »abschlagbaren Pomeranzenhäuser« um die Pflanze. 1992 bekam die inzwischen neun Meter hohe und elf Meter breite rot blühende Schönheit ein neues Haus aus Glas, das nicht mehr wie die Vorgängeranlagen im Sommer demontiert, sondern auf Schienen zur Seite gefahren wird. Manche Kameliensammlung wurde auch dauerhaft in speziell angefertigten Glashäusern gehalten. In England entstand 1823 im Park von Wollaton Hall bei Nottingham ein Kamelienhaus, das ganz auf die besonderen Bedürfnisse der Bewohner ausgerichtet wurde. Es handelt sich um ein Kalthaus, dessen Dach nur teilweise verglast ist, weil zu starke Sonneneinstrahlung den Pflanzen schaden könnte und dessen raffinierte Warmwasserheizung für die nötige Luftfeuchtigkeit sorgt. In Hamburg kultivierte um die Mitte des 19. Jahrhunderts der Pflanzensammler Senator Martin Johann Jenisch d. J. (1793–1857) in einem Gewächshaus seines Anwesens im Hamburger Stadtteil Klein-Flottbeck verschiedene Kamelienarten in zahlreichen Sorten. Die Nachfolger von Jenischs Gewächshäusern gehören heute zum Hamburger Botanischen Garten. 1956 hat man die

Phalaenopsis, eine der beliebtesten Orchideengattungen

maroden alten Gewächshäuser durch eine moderne Anlage ersetzt. Nach umfangreichen Renovierungsarbeiten wachsen in diesen Glashäusern heute wieder jene Pflanzen, die auf den Pflanzenlisten des 19. Jahrhunderts verzeichnet sind, darunter auch Kamelienarten, die bereits Senator Jenisch kultivierte.

Kamelien wurden seit der zweiten Hälfte des 18. Jahrhunderts in europäischen Gärten als kostbare Sammlerobjekte gehalten. Besonders die französische Kaiserin Josephine liebte Kamelien über alles. Ab 1800 kamen viele neue Sorten und Varietäten mit unterschiedlichen Farben und Formen hinzu. 1819 erschien das erste Buch über Biologie, Pflege und Zucht der Kamelie. Damals wurden in England bereits neunundzwanzig verschiedene Sorten kultiviert. In Deutschland war es die Dresdener Kameliengärtnerei Seidel, die seit 1813 die Kamelie als Gartenpflanze populär machte. Gegen 1860 hatte sie mehr als eintausendeinhundert verschiedenen Kameliensorten im Sortiment. Der Betrieb belieferte die Sammlungen des Adels in ganz Europa. Mit dem Dampfschiff brachte man etwa 1834 eine Ladung von fünftausend Kamelien an den Zarenhof nach St. Petersburg. Mit dem Planwagen waren Kamelien auf monatelangen Reisen unterwegs nach Moskau, Odessa, Florenz oder Madrid. Bald folgten weitere Gärtnereien dem Beispiel der Gärtnerei Seidel. Um die Mitte des 19. Jahrhunderts entwickelte sich Dresden zum führenden Anbauzentrum von Kamelien in ganz Europa. Kamelien gehörten im 19. Jahrhundert zu den wichtigsten und einflussreichsten Modeblumen. Kurzgeschnittene, auf Draht gebundene Blütenstiele gehörten zur Hutmode und Ballgarderobe der Damen. Üppige Blumenbouquets mit Kamelienblüten schmückten festliche Salons. Im Topf oder im Beet bereicherten sie die wertvollen Pflanzensammlungen von Fürsten und Königen. Ihren literarischen Niederschlag fand die schöne Blume nicht zuletzt in Alexandre Dumas' berühmtem Roman »Die Kameliendame« von 1848, der tragischen Geschichte einer Kurtisane, die stets einen Strauß Kamelien bei sich trug. 25 Tage im Monat waren es weiße und fünf Tage rote Kamelien, was als diskretes Zeichen ihrer Verfügbarkeit zu verstehen war. Seit 1880 ging die große Zeit der Kamelien zuende. Im Garten wurde sie von den robusteren Rhododendren verdrängt, im Zimmer nahmen Azaleen ihren Platz ein. In jüngerer Zeit konnte die sensible Schöne aus Ostasien wieder neue Liebhaber für sich gewinnen.

LINKE ABBILDUNG:
James Jacques Joseph Tissot, Mrs. Newton mit einem Sonnenschirm *(um 1878)* *Musée Baron Martin, Gray*

RECHTE ABBILDUNG:
André-Fernand Thesmar (1843–1912), Orchideen-Brosche aus Gold, Email und einer Perle *Hessisches Landesmuseum, Darmstadt*

Der europäische Adel und die neue Oberschicht der Industriellen mit ihrem schnell erworbenen Reichtum waren im 19. Jahrhundert begierig, Residenzen, Gärten und Wintergärten mit exotischen Pflanzen als modischen Attributen zu füllen. Die ostasiatischen Kamelien erfüllten lange Zeit die Anforderungen als Statussymbol einer von der japanischen Kultur faszinierten Gesellschaft. Doch wurden die Kamelien bald von einer exklusiveren Pflanzengruppe überstrahlt: Tropische Orchideen waren selten, kamen in einem bis dahin schier unvorstellbaren Formen- und Farbenreichtum nach Europa und konnten im Unterschied zu den Kamelien lange Zeit nicht gezüchtet werden. Darum waren sie entsprechend teuer. Damen und Herren gleichermaßen trugen die Blüten in Knopflöchern oder am Abendkleid. Man wetteiferte bei gesellschaftlichen Ereignissen geradezu damit, eine möglichst seltene, teure, wenn nicht sogar völlig neue Art zur Schau zu stellen. So manche Spezies mag dabei am Kleid einer Dame verwelkt sein, bevor sie der Wissenschaft überhaupt nur bekannt geworden war. Kathleen Newton führt auf James Tissots um 1878 entstandenen Porträt die damalige Orchideenmode vor: Effektvoll heben sich die leuchtend roten Blüten von ihrem hochgeschlossenen, figurbetonten schwarzen Kleid ab. Der Sonnenschirm, der die Porträtierte wie ein Heiligenschein umgibt, betont die damals beliebte orientalische Anmutung des Porträts. Der blutrote Orchideenschmuck deutet verborgene Leidenschaften der Trägerin an. Die Blüten stehen für Geheimnis, Exotik, Gefahr und vor allem für eine aggressive weibliche Sexualität. Assoziiert mit schwüler Tropenhitze, gefährlichen Tieren, fleischfressenden Pflanzen und dunklen Leidenschaften, hat die Orchidee wie keine andere Blume die Fantasie der Betrachter angeregt. Bereits im Altertum galten Orchideenwurzeln als Aphrodisiakum. Tatsächlich lassen sich die erotischen Konnotationen von Orchideen nicht leugnen, und vermutlich waren sie gerade deswegen im viktorianischen England so beliebt.

Als Alternative zu den vergänglichen Blüten echter Pflanzen schufen Kunsthandwerker gegen Ende des 19. Jahrhunderts filigrane Schmuckstücke, die Orchideenblüten nachempfunden waren. So etwa die von André-Fernand Thesmar gestaltete Orchideen-Brosche aus Gold, Email und einer Perle, die im Hessischen Landesmuseum Darmstadt gehütet wird. Das Schmuckstück interpretiert die extravagante Form und delikate Farbigkeit einer Phragmipedium-Orchidee, deren ungewöhnliche Blütenform in dieser Zeit das besondere Interesse von Züchtern auf sich zog.

Die Jagd auf Orchideen versprach mehr Prestige für die Besitzer und zugleich höhere Gewinne für die Händler als jede andere Pflanzenfamilie. Da man zunächst das Geheimnis von Vermehrung und Aufzucht der Orchideen noch nicht durchschaute, brachen Pflanzenjäger immer wieder zu waghalsigen Expeditionen auf, um frische Pflanzen zu sammeln, die entweder gerade zu blühen begonnen hatten oder von denen man hoffte, dass sie es nach langer Reise an ihrem Bestimmungsort tun würden. Wohl wurde der Transport seit der Mitte des Jahrhunderts durch die Wardsche Kiste erleichtert, trotzdem war die Jagd auf Orchideen ein abenteuerliches, verlustreiches und nicht selten gefährliches Unternehmen, das so mancher Orchideenjäger mit seinem Leben bezahlen musste. Ein wichtiges Ereignis in der Popularisierung der tropischen Orchideen in der Welt der Reichen und Schönen war eine Pflanzensendung aus Brasilien, die der Naturforscher William Swainson im Jahr 1818 an den britischen Botaniker William Cattley (1788–1835) in Barnet schickte. Um die Pflanzen sicher zu verpacken, hatte Swainson die Zwischenräume in der Transportkiste mit ganz besonderem pflanzlichen Füllmaterial ausgekleidet. Vielleicht ahnte Cattley ja bereits, was er da vor sich hatte, auf jeden Fall kümmerte er sich nicht nur um die eigentliche Pflanzensendung, sondern bemühte sich auch, das vermeintliche Verpackungsmaterial wieder zum Leben zu erwecken. Mit Erfolg: Noch im gleichen Jahr entwickelte sich aus

Die spektakuläre Blüte der meisten Orchideenarten und der verhältnismäßig geringe Pflegeaufwand machen sie zu beliebten Zimmerpflanzen.

der vermeintlichen Verpackung eine wunderschöne lavendelfarbene Blüte mit dunklerer trompetenförmiger Lippe, die einen verlockenden Duft verströmte. Die atemberaubende Schönheit erhielt dem Besitzer zu Ehren den Gattungsnamen Cattleya, die auffallende Lippe brachte ihr die Artbezeichnung labiata ein. Von Cattleys Cattleya labiata wurden zahlreiche Ableger mit Blüten genommen. Irgendwann waren alle diese Pflanzen erschöpft und gingen ein. Da die Art bis dahin noch nicht wieder importiert worden war, blieben nur die Berichte von der schönen Pflanze zurück. Sie weckten den Wunsch, die verlorene Orchidee wieder zu besitzen. Leidenschaftliche Sammler sandten Expeditionen aus, Abenteurer reisten auf eigene Rechnung nach Brasilien, um sie zu suchen. Doch Cattleya labiata blieb verschollen. Je mehr Pflanzenjäger scheiterten, desto größer wurden die Begehrlichkeiten unter den auf Orchideen spezialisierten Gärtnereien wie Veitch und Sander, die ihre Sammler speziell mit der Suche nach dieser Art beauftragt hatten. Cattleya labiata vera, »the Lost Orchid«, wurde in den Folgejahren zum Heiligem Gral unter den Orchideenjägern. Siebzig Jahre später entdeckte ein Orchideenliebhaber die Art erneut, dieses Mal am Kleid einer Dame auf einem Ball in Paris. Wieder führte die Spur nach Brasilien ... 1889 schickte schließlich ein Pflanzenjäger fünfzig große Orchideen aus der Gegend um Pernambuco an einen gewissen Monsieur Moreau nach Paris, einen Insektenkundler, der in seiner Freizeit Orchideen kultivierte. Zufällig besuchte der Orchideenhändler Frederick Sander Moreau gerade zu dem Zeitpunkt, als dessen Pflanzen zu blühen begannen. Sander wusste sofort, was er da vor sich hatte, und erkannte in Monsieur Moreaus lavendelfarbenen Kostbarkeiten die verschollene Cattleya labiata. Moreau erzählte Sander bereitwillig alles über den Fundort, so dass Sander umgehend seine eigenen Sammler ausschicken konnte. Die Wiederentdeckung von Cattleya labiata wurde unter Fachleuten als das Ereignis des Jahres gefeiert. Tausende frisch importierte Exemplare bereicherten bald die Sammlungen der Kenner. Cattleya labiata und ihre Verwandten wurden zu den beliebtesten Orchideen der 1880er und 90er Jahre.

Cattleys Entdeckung von 1818 hat dem Interesse an Orchideen einen ersten großen Schub gegeben. In der Folge wurde in Kew Gardens ein eigenes Orchideenhaus gebaut, und bald schon zog die Royal Horticultural Society mit eigenen Häusern nach. Es dauerte nicht lange, da wurden auch auf den Blumenschauen der Gärtnereien die fremdartigen Pflanzen gezeigt.

Zu den bekanntesten, den Orchideen ganz und gar verfallenen Sammlern in England gehörte der exzentrische William Spencer Cavendish, sechster Herzog von Devonshire. Auf einer Blumenausstellung der Horticultural Society in London sah er zum ersten Mal die gelb-braun getigerte Oncidium papilio. Fasziniert von der Schönheit der Schmetterlingsorchidee, beschloss der ohnehin schon pflanzenvernarrte Herzog, von nun an auch Orchideen zu sammeln. Seine Sammlung auf Schloss Chatsworth südlich von Sheffield in der Grafschaft Derbyshire galt bald als die größte und vollständigste weltweit. Die Blüte bestimmter Arten in seinen Sammlungen war Tagesgespräch. Der Besuch seiner spektakulären Gewächshäuser galt als gesellschaftliches Ereignis. Selbst Königin Victoria und Prinzgemahl Albert ließen es sich nicht nehmen, das große Tropenhaus in Chatsworth mit der reichsten privaten Orchideensammlung in ganz England zu besuchen. Der Herzog erwarb zunächst Pflanzen, die ihm Pflanzenjäger mitbrachten. Später ging er dazu über, selbst Pflanzenjäger loszuschicken. Zudem stellte er 1826 als Gärtner auf Chatsworth jenen Joseph Paxton ein, der später den Crystal Palace in London konstruierte. Paxton war bis zum Tod seines Arbeitgebers 1858 oberster Gärtner auf Chatsworth und damit Leiter aller Anwesen des Herzogs. Er veröffentlichte Bücher über Gartenbau und entwarf Gewächshäuser. Er wurde zum Ritter geschlagen, erhielt den Titel »Prince of Gardeners« und wurde sogar Parlamentsabgeordneter. Zu Paxtons frühen Aktivitäten in Chatsworth gehörte der Bau neuer Treibhäuser. Für die Orchideen standen ihm drei beheizbare Anlagen zu Verfügung, in denen die kostbaren Lieblinge zunächst bei viel zu hohen Temperaturen auf Baumrinde schmachten mussten. Man stellte sich die Tropen feucht und heiß vor. So wurden die Gewächshäuser auf Temperaturen gebracht, in denen die Orchideen zu Tausenden erstickten. Ein damaliger Direktor des Botanischen Gartens in Kew nannte England sogar *das Grab aller tropischen Orchideen.* Um die Überlebensrate der Kostbarkeiten zu erhöhen, versuchte Paxton mehr über Lebensräume und Wuchsverhalten der Orchideen zu erfahren. Er befragte Orchideensammler nach den Biotopen in der tropischen Heimat und experimentierte mit den Standortfaktoren in den Glashäusern von Chatsworth. Orchideen sind krautige Dauerpflanzen. Viele von ihnen leben am Boden und beschaffen sich ihre Nahrung mittels Wurzeln. Andere hingegen sind sogenannte Epiphyten, das heißt, sie leben in großer Höhe auf anderen Pflanzen, auf Zweigen von Bäumen oder in hohlen Stämmen, wo sie Halt und Stütze suchen, ohne ihre Wirtspflanze als Parasit zu bedrängen. Sie haben Luftwurzeln, welche die benötigte Feuchtigkeit aus der Luft aufnehmen. Wie bei den Kamelien kam man erst nach genauerer Erforschung der Lebensbedingungen darauf, dass viele Arten ein gemäßigtes und luftiges Klima benötigten. Paxtons Erkenntnisse bildeten die Basis für einen neuen Ansatz im Umgang mit den fragilen Geschöpfen. Er drosselte also die Temperatur in den herzoglichen Gewächshäusern und sorgte für bessere Belüftung. Zudem verteilte er die verschiedenen Arten nach ihren klimatischen Bedürfnissen auf kühle, gemäßigte oder warme Häuser. Darüber hinaus entwickelte Paxton ein durchlässigeres Substrat und benutzte Holzbretter und Körbe, um die Wachstumsverhältnisse der neu eingeführten Arten zu simulieren. Seine Kultivierungsexperimente publizierte er in Fachzeitschriften, zur großen Freude frustrierter Orchideenliebhaber, die jahrzehntelang vergeblich versucht hatten, die heißbegehrten Pflanzen am Leben zu erhalten.

Die Sammelleidenschaft des Herzogs wirkte ansteckend. Nach kurzer Zeit wetteiferten Fürstenhäuser, Landadel, Bankiers und Industrielle um die größten und kostbarsten Sammlungen. Paxtons Forschungsergebnisse taten ihr Übriges. Schon bald spezialisierten sich auch die Gärtnereien auf Orchideen, um den rasant wachsenden Bedarf zu befriedigen. Die Londoner Gärtnerei Conrad Loddiges etwa war bis zur Mitte des Jahrhunderts nicht nur im Bereich der Palmen, sondern auch im Handel mit Orchideen in Europa führend. Loddiges gehörte sogar zu den ersten Betrieben, in denen diese Pflanzen kommerziell gezogen wurden. Auch andere Gärtnereien wie Veitch oder Sander waren in dieser Zeit schon längst keine Randerscheinungen in einem eher obskuren Zweig des Gartenbaus mehr, sondern stiegen zu großen Lieferanten auf, die betuchte Pflanzenliebhaber mit Hunderten neu eingeführter Arten aus abgelegenen Regionen versorgten.

Doch noch wusste man nur wenig über die Vermehrung von Orchideen. Teilung und Aussaat waren die einzigen bekannten Verfahren, die jedoch unberechenbar und langwierig waren. Aus diesem Grund verkaufte man auf dem Höhepunkt des »Orchideliriums«, wie das Orchideenfieber auch genannt wurde, fast nur ausgewachsene Wildorchideen. In dem gnadenlosen Wettkampf um Neuheiten und um möglichst viele Exemplare seltener Arten zu sichern, rotteten die Sammler selbst ganze Populationen aus, damit sie nicht ihren Konkurrenten in die Hände fielen. Um an die Pflanzen heranzukommen, wurden große Waldpartien gerodet. In Kolumbien erforderte etwa die Jagd nach Odontoglossum crispum das Fällen von viertausend Bäumen, damit von ihren Ästen 10.000 Pflanzen gepflückt werden konnten. Einige philippinische Inseln wurden sogar völlig geplündert. Riesige Orchideensendungen verließen die tropischen Länder. Sander etwa erhielt zu seinen besten Zeiten jeden Monat dreihundert Kisten mit Orchideen aus der begehrten Gattung Cattleya. Unversehrt angekommene Orchideen wurden auf spektakulären Auktionsveranstaltungen verkauft, die auf Werbeplakaten und Anzeigen in den Tageszeitungen angekündigt wurden. Aus dem Orchidelirium, dessen Gegenstand einst seltene exotische Pflanzen waren, hatte sich eine Industrie entwickelt. Ab etwa 1850 wurden Orchideen allmählich zu einem Massenprodukt, das auch für die Mittelklasse erschwinglich war. Technische Neuerungen und die Einführung von Arten, die mit kühlerem Klima zurechtkommen, begünstigten diese Entwicklung. Dennoch blieb das Sammeln, Kultivieren und die Zurschaustellung von Orchideen bis zum Beginn des 20. Jahrhunderts ein exklusives Freizeitvergnügen. Nach wie vor wurden Orchideen gejagt, konnten einzelne Exemplare höchste Preise erzielen und konkurrierten Orchideenliebhaber miteinander.

Blühende Orchidee

Großbritannien war ein Zentrum des Orchideliriums, doch auch auf dem Kontinent gab es fanatische Sammer. In Deutschland wütete das Orchideenfieber am stärksten in Hamburg. Unter dem kulturellen Einfluss Englands und dank des Überseehandels entstanden in der Hansestadt seit der Mitte des 19. Jahrhunderts prachtvolle Orchideensammlungen. So begeisterte sich auch Senator Martin Johann Jenisch nicht allein für Kamelien. Er war sogar einer der ersten, die sich um die Einführung und Kultur von Orchideen in Hamburger Gewächshäusern verdient machten. Zwischen 1836 und 1838 ließ er auf seinem Anwesen zwei Orchideenhäuser bauen. 1844 kam noch ein weiteres hinzu, nachdem die anderen die stetig wachsende Sammlung nicht mehr aufnehmen konnten. 1855 umfasste seine Orchideensammlung 875 verschiedene Arten. Jenisch beteiligte sich mit seinen Pflanzen an Blumenausstellungen,

eine Tätigkeit, die nach seinem Tod 1857 von seiner Witwe und dem Obergärtner F. B. Kramer fortgeführt wurde. Doch neigte sich das Orchidelirium in Hamburg im Zuge des kulturellen und wirtschaftlichen Wandels langsam dem Ende zu. Die meisten Privatsammlungen wurden aufgelöst. Jenischs berühmte Orchideensammlung lebt weiter in den Namen der Orchideenarten Epidendrum jenischianum oder Oncidium kramerianum, die nach dem Sammler und seinem Gärtner benannt wurden.

Heute weniger bekannt, aber damals europaweit berühmt war die Orchideensammlung des in England lebenden Hamburger Bankiers Baron Johann Heinrich Schröder (1825–1910). Schröder ist heute vor allem als Sammler bedeutender Kunstwerke aus dem 19. Jahrhundert bekannt, die zum großen Teil in der Hamburger Kunsthalle zu bewundern sind. In seinem Landhaus »The Dell« in der Nähe von Windsor hütete er jedoch nicht nur seine exklusive Kunstsammlung, sondern auch eine weithin bekannte Orchideenzucht. Schröder gehörte zu den führenden Orchideenkennern seiner Zeit. Alfred Lichtwark, damaliger Direktor der Hamburger Kunsthalle, der »The Dell« nach dem Tod des Barons besucht hatte, notierte: *... eine ganze Stadt von Treibhäusern. Wir sahen die berühmte Orchideensammlung, die jetzt im Flor ist.* Schröders größte Leidenschaft galt den Cattleyen. Er ließ das größte und weitläufigste seiner Gewächshäuser allein für die Kultur dieser Gattung anlegen. Seine Orchideen erwarb er hauptsächlich von der Gärtnerei Sander. 1883 kaufte er dort etwa eine einzige Pflanze von Cattleya percivaliana zum stolzen Preis von 105 Pfund. Cattleya schroederae wurde sogar nach ihm benannt. Als Sanders Orchideenjäger William Arnold in Kolumbien 1886 die blassviolette, süß duftende neue Art fand, war Schröder die erste Person, die sich der Händler als Käufer vorstellen konnte. Tatsächlich erwarb Schröder fast die ganze Lieferung. Zur Bestimmung schickten Sander und Schröder einige Pflänzchen an einen Botaniker, der die Orchidee ein Jahr später Schröders Ehefrau widmete, die wie ihr Mann eine begeisterte Liebhaberin von Orchideen war.

Mit Schröders Tod 1910 ging die große Zeit der Orchideensammlungen zuende. Der Reiz des Fremdartigen und Exotischen, die Anmutung des Kostbaren und Exklusiven, welche diesen Pflanzen anhafteten, waren für auf Status bedachte Sammler weitgehend verflogen. Sie suchten sich neue Sammelgebiete. Denn viele Habitate, in denen noch Jahrzehnte zuvor besessen gesammelt wurde, waren

LINKE ABBILDUNGEN:
Kamelie

Einheimische Orchideenarten Weinmann, Eigentliche Darstellung (1735)

RECHTE ABBILDUNG:
Phalaenopsis-Orchidee Horsfield, Plantae Javanicae rariores (1838–1852)

ausgeplündert und leer. Die Bemühungen, Orchideen zu züchten und zu vermehren, hatten zugleich große Fortschritte gemacht. Preiswertere Nachzuchten und Kreuzungen waren unter den neuen, weniger anspruchsvollen Orchideenfreunden ebenso beliebt wie die Wildformen. Ihre Beschaffung stellte gegen Ende des 19. Jahrhunderts kein Problem mehr dar, und die Preise für länger bekannte und bewährte Sorten waren auf ein erträgliches Maß gefallen. So eroberten seit dem späten 19. Jahrhundert die einstmals exzentrischen Millionären vorbehaltenen Dschungelpflanzen zunehmend auch die kleineren Wintergärten des Bürgertums und sogar die Fensterbänke. Die zeitgenössischen Handbuch-Autoren zur Zimmergärtnerei wurden nicht müde zu betonen, dass die Pflanzen wesentlich robuster seien als allgemein angenommen. Sogar Vernachlässigung und kühlere Temperaturen überstünden sie problemlos und seien daher für die Kultur im Zimmer durchaus geeignet. Empfohlen werden Erdorchideen wie die verschiedenen Arten der Frauenschuhorchidee (Cypripedium), aber auch einige Epiphyten, etwa Cattleya- oder Odontoglossum-Arten.

Luxusgeschöpfe im Wohnzimmer

Kamelie *(Camellia japonica)* Die Wildform dieser bekanntesten Kamelienart ist in ihrer Heimat in Japan, China und Korea ein sechs bis neun Meter hoher Baum mit zumeist roten fünfblättrigen Blüten. Seit mindestens dreihundert Jahren werden Kamelien in China und Japan gezielt gezüchtet, wobei in China gefüllte und in Japan einfache Blüten bevorzugt wurden. Auf der ganzen Welt hat man inzwischen Tausende verschiedener Sorten herausgezüchtet, die sich in Blütenform und -farbe sowie im Wuchs unterscheiden. Auch die modernen Züchtungen sind heikle Pfleglinge. Durchlässige, leicht saure und mit organischem Material angereicherte Erde, entkalktes Wasser, guter Wasserabzug, ein kühler heller Platz ohne direkte Sonne und kühle Überwinterung unter 10°C sind Grundvoraussetzungen für die erfolgreiche Pflege der meisten Sorten. Haben die Pflanzen Knospen angesetzt, sollte man sie nicht mehr drehen, sonst besteht die Gefahr, dass der Traum vieler Zimmergärtner seine Blüten vorzeitig abwirft. Die Pflanzen blühen je nach Sorte von Dezember bis April.

Oncidium Die Orchideengattung, die den Herzog von Devonshire ins Orchidelirium trieb, umfasst über 450 Arten aus Mittel- und Südamerika, die mit den Gattungen Odontoglossum und Miltonia verwandt sind und mit ihnen gekreuzt werden können. Oncidium-Arten bevorzugen leichten Schatten, halten nur eine kurze Winterruhe, benötigen hohe Luftfeuchtigkeit und grobe Orchideenerde. Wild wachsen die Epiphyten gerne etwas an ihrem Wirtsbaum empor. Die Schmetterlingsorchidee Oncidium papilio bildet bis zu einem Meter lange Blütenstände aus, die das ganze Jahr über blühen.

Cattleyen Die Gattung Cattleya umfasst je nach botanischer Klassifizierung vierzig bis sechzig Wildarten, die als Epiphyten in Mittel- und Südamerika wachsen. Zu ihr gehören einige der bekanntesten und auch gefragtesten Orchideen, die durch ihre wunderschönen großen Blüten auffallen. Aus ihnen haben Liebhaber auf der ganzen Welt Tausende von Varietäten und Hybriden herausgezüchtet. Cattleya-Arten und -Züchtungen fühlen sich in beheizten Treibhäusern oder Wintergärten am wohlsten, bevorzugen viel frische Luft, hohe Luftfeuchtigkeit und helles Licht ohne direkte Sonneneinstrahlung. Sie benötigen ein grobes Substrat und halten eine Winterruhe. Die Bezeichnung »Cattleya labiata« wird heute von einigen Botanikern für eine große Gruppe innerhalb der Gattung mit rosa oder weißen Blüten verwendet, während andere nach wie vor von mehreren eigenen Arten ausgehen. Alle Cattleyen wachsen mit Unterbrechungen und tragen im Frühjahr oder Herbst große Blüten. Die Wildformen, die zum Höhepunkt des Orchidelirums die Sammler und Kenner begeisterten, sind inzwischen nur noch selten erhältlich.

RECHTE ABBILDUNG:
Japanische Kamelie *Kerner, Hortus semper virens (1797)*

NÄCHSTE SEITEN:
Cattleya

Oncidium pectorale *Lindley, Sertum Orchidaceum (1838)*

Pl. 39.

Zum Schluss – *die Zimmerpflanze als Einrichtungsgegenstand*

Und nun kam ich an der Araukarie vorbei. Nämlich im ersten Stock dieses Hauses führt die Treppe am kleinen Vorplatz einer Wohnung vorüber, die ist ohne Zweifel noch tadelloser, sauberer und gebürsteter als die andern, denn dieser kleine Vorplatz strahlt von einer übermenschlichen Gepflegtheit, er ist ein leuchtender kleiner Tempel der Ordnung. Auf einem Parkettboden, den zu betreten man sich scheut, stehen da zwei zierliche Schemel und auf jedem Schemel ein großer Pflanzentopf, im einen wächst eine Azalee, im andern eine ziemlich stattliche Araukarie, ein gesunder, strammer Kinderbaum von größter Vollkommenheit, und noch die letzte Nadel am letzten Zweig strahlt von frischester Abgewaschenheit.

Harry Haller, der melancholische Held aus Hermann Hesses Roman »Der Steppenwolf«, beschreibt mit diesen Worten den Treppenabsatz im Haus seiner Vermieterin. Er deutet die wohlbehüteten Pflanzen als kleinen Garten der Ordnung, als ein rührendes Heiligtum, das von Familienleben, von Stille und Sauberkeit spricht, kurz: von den langweiligen Lebensbedingungen des Kleinbürgertums. Haller stellt die Blumentöpfe seiner eigenen Existenz gegenüber, einem unordentlichen Stilleben aus Bücherhaufen, Weinflaschen und Zigarettenresten. Für den Erzähler symbolisieren die Topfpflanzen einerseits die verabscheute, andererseits aber auch die heimlich geliebte und bewunderte bürgerliche Welt.

Hesse schrieb die Geschichte vom »Steppenwolf« 1927. Hundert Jahre zuvor hatte Goethe in Weimar Grünlilien als fürstliches Geschenk erhalten, wurden spezielle Gewächshäuser gebaut, um Kamelien zu züchten, und hatte William Cattley einer überirdisch schönen neuen Orchideengattung seinen Namen gegeben, die zum Auslöser für das Orchidelirium wurde. Im »Steppenwolf« hingegen stehen Topfpflanzen stellvertretend für die ganze Welt des verachteten Spießertums. Ihre exotische Herkunft spielt für Haller keine Rolle. Die romantischen und abenteuerlichen Geschichten ihrer Entdeckung waren alle längst vergessen. Im 20. Jahrhundert sind Zimmerpflanzen ein selbstverständlicher Teil der bürgerlichen Grundausstattung geworden.

So scheinen auch die Zeiten endgültig vorbei zu sein, als orchideenvernarrte Exzentriker den Gegenwert eines Jahresgehalts von Arbeitern oder Angestellten für eine einzige Pflanze ausgaben. Vorbei auch die Zeiten, in denen sich Goethe mit seiner Familie im Botanischen Garten von Jena einfand, um die seltene Blüte einer Yukka gloriosa zu erleben, eine Königin das Tropenhaus eines Herzogs aufsuchte oder ein Maler die Gewächse auf der Fensterbank den großen Segelschiffen im Hafen gegenüberstellte, in dem Bewusstsein, die Herkunftsländer der Gewächse selbst nie bereisen zu können. Nur hin und wieder werden Topfpflanzen von den leidenschaftlichen Zimmergärtnern unter uns noch als die exotischen Kostbarkeiten gehalten, die sie einst waren, oder als Teile einer Sammlung betrachtet, wie man das etwa bei gewissen Kakteenliebhabern beobachten kann. Doch in den allermeisten Wohnungen sind Zimmerpflanzen zu lebenden Einrichtungsgegenständen geworden, ganz so, wie Azalee und Araukarie das Treppenhaus des Steppenwolfs verschönern. Den Vorlieben der Besitzer oder den Trends der Inneneinrichtung folgend, wird den grünen Freunden einmal mehr und einmal weniger Platz in der Wohnung zugestanden.

So erprobten Künstler und Architekten in der ersten Glanzzeit der tropischen Zimmerpflanzen in 1870er bis 90er Jahren neue Wege der Inneneinrichtung. Ihr Anliegen war es, die überladenen Interieurs der Gründerzeit gründlich

LINKE ABBILDUNG:
Azalee

RECHTE ABBILDUNG:
Araukarie *Siebold, Flora japonica (1835)*

zu entrümpeln. Mit den vielen sperrigen Möbeln wurden gleichzeitig auch die Zimmerpalmen entsorgt. Betrachtet man Bilder von Reformwohnungen der englischen Arts and Crafts Bewegung oder Einrichtungsvorschläge des Jugendstils, fällt auf, dass die Zimmerpflanzen nicht mehr ganz verbannt werden konnten. Sie wurden jedoch auf die angestammten Fensterbänke oder wenige Zimmerecken zurückgedrängt. In der direkten Folge diese Phänomens ist in den kommenden Jahrzehnten immer wieder ein Wechsel zu beobachten zwischen dem Wunsch, frisches Grün im Innenraum zu haben und die Wohnung damit zu gestalten, und dem Bestreben, die Zimmer von überflüssigem Beiwerk zu befreien.

Blicken wir auf die zweite Hälfte des 20. Jahrhunderts, können wir ähnliche Trends beobachten: Wenn man den Aussagen der Zeitschriften und Ratgeber für Inneneinrichtung glauben darf, feierte die Zimmerpflanze in den letzten Jahren ein Comeback, nachdem man sie zuvor wie der Steppenwolf als spießiges Überbleibsel der Eltern und Großeltern aus den Wohnungen verbannt hatte.

Eine Ausnahme wurde nur bei einzelnen sehr großen Gewächsen gemacht, die als Blickfang in großzügigen leergeräumten Altbauwohnungen dienen konnten oder die verglasten Fronten der Wohnzimmer mit frischem Grün verschönerten. Ein charakteristischer Kandidat für diesen immer noch anhaltenden Trend ist die Birkenfeige (Ficus benjamina). Auch in öffentlichen Gebäuden konnten sich »Zimmerbäume« in den Fluren, Treppenhäusern und Büros halten. Blicken wir weiter zurück in die Geschichte der Zimmerpflanzen, kann man bestimmte Gewächse vielleicht sogar als stilbildend für einzelne Epochen definieren. So löste die Zimmerazalee (Rhododendron) die schwieriger zu pflegenden Kamelie gegen Ende des 19. Jahrhunderts ab und war lange Zeit als Zierpflanze sehr beliebt. Die ersten Araukarien (Araucaria araucana) brachte Archibald Menzies (1754–1842) von einer Expedition nach Südamerika mit. Nachdem er in Konflikt mit dem Kapitän des Schiffes geraten war, wurde er kurzerhand die letzten drei Monate der Reise eingesperrt. Alle gesammelten Pflanzen gingen ein. Wieder zuhause, konnte er nur zwei Pflanzen vorweisen, die er aus den seltsamen nussförmigen Samen gezogen hatte. Später sollte die prächtige, bis zu fünfundzwanzig Meter hohe Araucaria aracauna zu einem Modegewächs für Gärten und Parks werden. Andere, nicht unbedingt kleinere Arten wie Araucaria

heterophylla konnte sich seit dem späten 19. Jahrhundert in der Zimmerkultur durchsetzen. Azalee wie Araukarie benötigen kühle Temperaturen. Im hellen Treppenhaus von Hallers Wirtin sind sie daher gut aufgehoben. Prägende Pflanzen der 1950er und 60er Jahre waren Gummibaum (Ficus elastica) und Fensterblatt (Monstera deliciosa). Das in dieser Zeit entstandene Treppenhaus der Handwerkskammer Darmstadt zeigt aufs Schönste die formalen Beziehungen zwischen den grazilen Formen des Fensterblatts und der eleganten Gestalt der Architektur. Etwa gleichzeitig begann man neugebaute Wohnungen und Häuser wieder mit extra großen Wohnzimmerfenstern oder Doppelfenstern auszustatten, die speziell als »Blumenfenster« gedacht waren. Unzählige Kakteen, Usambaraveilchen, Buntnesseln, Klivien oder Geldbäume wurden in ihnen gehalten, vermehrt und mit Gleichgesinnten getauscht. Auch der unverwüstliche Bogenhanf (Sansevieria trifasciata) gehört in diese Reihe. Als das einzige Gewächs, das auch in den dunkelsten und verräuchertsten Kneipen zu überleben vermag, nimmt es unter den Zimmerpflanzen einen besonderen Platz ein. Geht man aufmerksam durch die Straßen einer Stadt, kann man hinter vielen Fenstern noch Überreste dieser zweiten großen Zeit der Zimmergärtnerei von den 1950er bis 70er Jahren entdecken. Zahllose alte Bekannte lassen sich wiederfinden: Weihnachtskaktus, Palmen, Alpenveilchen, Zierspargel, Farne oder Amaryllis. Aus studentischen WGs und Büros seit den 1970er Jahren nicht mehr wegzudenken ist Goethes einstiges botanisches Wunder, die Grünlilie. Schlecht versorgt, ausgebleicht, die Blätter voller Schildläuse, treibt sie auch unter schlechtesten Bedingungen immer noch Blüten und hübsche kleine Tochterpflanzen. Die verschiedenen Arten der guten alten Palmlilie (Yucca) hingegen schafften aufgrund ihrer Größe häufig sogar noch den Sprung in die erste richtige Wohnung. Gerade für die sonnendurchfluteten großen Fensterfronten jüngerer Wohnbauten ist die robuste wüstenfeste Yukka hervorragend geeignet. Und heute? Bis vor wenigen Jahren waren Pflanzen auf der Fensterbank vor allem Staubfänger. Geduldet waren nur Topfpflanzen auf dem Balkon – aber das ist eine andere Geschichte. In trendbewussten, stilistisch anspruchsvollen Haushalten wuchsen allerhöchstens ein paar Kräuter auf der Küchenfensterbank. Inzwischen werden neugebaute Häuser wieder mit Wintergärten

LINKE ABBILDUNGEN:
Primeln als Frühlingsboten in der Wohnung

Ficus benjamina

RECHTE ABBILDUNG:
Die Zimmerpalme als moderner Einrichtungsgegenstand

NÄCHSTE SEITEN:
Amaryllis oder Ritterstern

Azalee *Hooker, The Rhododendrons of Sikkim-Himalaya (1849–1851)*

3

RECHTE ABBILDUNGEN:
Farn *Jacquin, Icones plantarum rariorum (1781–1793)*

Aloe *Weinmann, Eigentliche Darstellung (1735)*

LINKE ABBILDUNG:
Araukarie

NÄCHSTE SEITE:
Bogenhanf

Fensterblatt in der Stuttgarter Wilhelma

ausgestattet, ältere Wohnungen können mit passenden Konstruktionen nachgerüstet werden. Wie bereits im 19. Jahrhundert stehen dem Interessenten verschiedene Lösungen für jeden Geldbeutel zur Verfügung. Gründe dafür mögen im Trend zum ökologisch verträglichen Bauen und einem neuen Verhältnis zur Natur liegen. Die Begeisterung für die Lehren des Feng-Shui begünstigt darüber hinaus Gewächse mit asiatischem Hintergrund, wie etwa die vielen Bambusarten, die in den Fachmärkten gut verkauft werden. Sie bilden die Standardausstattung des an fernöstlicher Einrichtungs- und Lebenskunst interessierten Pflanzenliebhabers.

Ein weiterer Trend sorgte für die Wiederentdeckung der Orchideen. Obwohl sie viel von ihrer Exklusivität eingebüßt haben und inzwischen sogar im Supermarkt erhältlich sind, umgibt sie immer noch der Hauch von Dschungel und Geheimnis. Mit ihren wunderschönen Formen und Farben konnten sie viele neue Freunde gewinnen. In den letzten Jahren wurden zudem vermehrt Sorten herausgezüchtet, die problemlos auf der Fensterbank zu halten sind, die mit trockener Luft, Sonne und großer Wärme zurechtkommen. Auch Zimmerspringbrunnen mit entsprechendem feuchtigkeitsliebenden Pflanzenbewuchs sind beliebter denn je.

Schon Harry Hallers Lieblingsphilosoph Friedrich Nietzsche wusste, dass sich Geschichte immer wiederholt. Warum sollte das ausgerechnet bei den Zimmerpflanzen anders sein?

Alte Bekannte

Zimmerazalee *(Rhododendron)* Der Begriff Azalee wird in der Botanik als Synonym für die Gattung Rhododendron gebraucht. Gärtner bezeichnen hingegen meist die größeren, strauchartig wachsenden Arten der Gattung als »echte Rhododendren«, während die kleineren Arten oder die Zwergformen als Azaleen bekannt sind. Etwa achthundert immergrüne, halbimmergrüne oder sommergrüne Sträucher und Bäume gehören zu dieser spektakulären Gattung, die durch intensive Zucht noch um zahllose Sorten bereichert worden ist. Rhododendren stammen aus dem Himalaya-Gebiet, aus Südchina, aus Japan, Südostasien, Nordaustralien oder Nordamerika. In Europa heimische Rhododendren sind die zwei Arten der Alpenrose (Rhododendron ferrugineum und Rhododendron hirsutum). In der Zimmerpflanzenkultur werden eine ganze Reihe kleiner bleibender Arten kultiviert. Dazu gehören die Indische Azalee (Rhododendron simsii) und ihre Hybriden oder die robustere rosablühende Japanische Azalee (Rhododendron kiusianum). Azaleen sind als dekorative Winterblüher zwar begehrt, aber leider recht empfindlich, vor allem Wärme im Wohnzimmer macht ihnen zu schaffen. Am liebsten stehen sie halbschattig und kühl. Je kühler die Pflanze steht, desto länger hält auch ihre Blüte, ideal sind Temperaturen unter 15°C. Viel frische Luft, ein schattiger Platz im Freien während der Sommermonate, reichlich entkalktes Wasser während der Blüte und regelmäßige Düngung danken die Azaleen im Winter mit wunderschönen Blüten.

Araukarie *(Araucaria heterophylla)* Araukarien gehören zu den immergrünen Koniferen. Die meisten der neunzehn Arten werden sehr groß. Dennoch war die als Zimmertanne bekannte Araucaria heterophylla bereits in der Zeit um 1900 eine beliebte Zimmerpflanze. Heimisch ist sie auf Norfolk Island, einer zwischen Australien und Neuseeland gelegenen Insel. Die Zimmertanne wächst relativ schnell und kann bis zu dreißig Meter hoch werden. Gerne wird sie deshalb in subtropischen Küstenregionen und in Landschaftsparks angepflanzt, für den normalen Garten ist sie im Prinzip zu groß. Dennoch kann sie lange auch im Kübel gehalten werden. Die Araukarie ist eine gute Zimmerpflanze, wenn man sie nicht zu warm und im Halbschatten hält und mit viel frischer Luft und reichlich Wasser versorgt.

Bogenhanf *(Sanseveria trifasciata)* Die unverwüstliche Schwiegermutterzunge stammt aus Nigeria. Seiner biegsamen schön gezeichneten Blätter und robusten Natur wegen wird das Gewächs immer noch gerne auf der Fensterbank gepflegt. Weniger bekannt ist, dass der Bogenhanf auch in Trauben angeordnete, röhrenförmige weiße Blüten hervorbringt. Die Pflanze kann sehr alt werden, wächst dabei aber nur langsam. Trockene Heizungsluft macht ihr nichts aus. Der Bogenhanf mag es sonnig und warm, benötigt im Sommer etwas mehr Wasser als im Winter und sollte nie kühler als 15°C gehalten werden. Der Topf darf nicht zu groß gewählt werden – die Pflanze steht gerne eng im Gefäß.

Yukka *Trew, Plantae selectae (1750–1773)*

Fensterblatt *(Monstera deliciosa)* Das Fensterblatt ist in der Karibik und in den tropischen Regionen Südamerikas zuhause. In seiner tropischen Heimat klettert es mit Hilfe der charakteristischen Luftwurzeln an bis zu zwanzig Meter hohen Bäumen empor. In allen anderen Klimaten wird es als Zimmerpflanze gezüchtet. Das Fensterblatt bevorzugt einen halbschattigen Standort und humusreichen, feuchten und durchlässigen Boden und benötigt eine Stütze. Das Gewächs gehört zu den pflegeleichten Pflanzen. Es kann ein Menschenleben überdauern und wird dabei immer stattlicher, wenn es im Sommer gut gewässert und gedüngt wird. Ausgewachsene Fensterblätter bringen essbare, süßlich schmeckende große Früchte hervor, die ein ganzes Jahr benötigen, um zu reifen – und dies auch nur im Freien. Auf Madeira etwa kann man die Früchte des Fensterblatts auf dem Markt kaufen.

Palmlilie *(Yukka)* Nachdem man verschiedene Arten der Yukka oder Palmlilie, wie sie mit deutschem Namen heißt, bereits im 18. Jahrhundert in herrschaftlichen Orangerien gehalten hatte, wurde das robuste Gewächs seit den 1960er Jahren auch zunehmend als pflegeleichte und dekorative Zimmerpflanze entdeckt, das mit trockener und warmer Zimmerluft gut zurechtkommt. Die immergrünen Stauden, Sträucher und Bäume stammen aus den trockenen Regionen Nordamerikas. Y. aloifolia hat blaugrüne spitze Blätter, Y. elephantipes, die Riesenpalmlilie, bekommt viele Seitentriebe, Y. Gloriosa ist von allen die kleinste Art mit kurzem Stamm und breiten Blättern. Ein sonniger Standort, durchlässiger Boden, viel frische Luft im Sommer – am liebsten im Freien – bekommen allen Palmlilien am besten. Im Sommer reichlich, im Winter mäßig Wasser und regelmäßige Düngergaben während der Wachstumsphase verhelfen der Yukka zu einem langen Leben. Ältere Palmlilien können auch blühen. Sie bekommen dann riesige weiße Glockenrispen.

Literaturhinweise

Ahrendt, Dorothee/Gertraud Aepfler, Goethes Gärten in Weimar. Leipzig 1993
Bastian, Karin, Georg Hinz und sein Stillebenwerk. Dissertation, Hamburg 1984
Bayard, Tania, A Medieval Home Companion. Housekeeping in the Fourteenth Century. New York 1991
Bergmann, Karl, Zimmergärtnerei. Leipzig 1912
Betten, Robert, Praktische Blumenzucht und Blumenpflege im Zimmer. Frankfurt a.d.O. 1920
Blom, Philipp, Sammelwunder, Sammelwahn. Szenen aus der Geschichte einer Leidenschaft. Frankfurt a.M. 2004
Busch, Andrea C./Almuth Heuner, Mord im Grünen. 20 Krimis und viele Gartentipps. Hildesheim 2001
Cheers , Gordon (Hg.), Botanica. Das Abc der Pflanzen. 10.000 Arten in Text und Bild. o.O. 2003
Dammer, Udo, Unsere Blumen und Pflanzen im Zimmer. Leipzig 1912
Dülmen, Andrea van, Das irdische Paradies. Bürgerliche Gartenkultur der Goethezeit. Köln/Weimar/Wien 1999
Eckermann, Johann Peter, Gespräche mit Goethe in den letzten Jahren seines Lebens. Stuttgart 2006
Elliott, Brent, Flora. Der Duft der Ferne. Kunstwerke aus dem berühmten Archiv der Royal Horticultural Society. München 2001
Engelschall, Barbara, »Die Größte und die Einzigste in Hamburg«. Die Orchideensammlung M. J. Jenisch 1833. Informationsblatt zur Ausstellung im Jenisch Haus 2001
Engelschall, Barbara, Kamelien. Kühle Schönheiten hinter Glas. Informationsblatt zur Ausstellung im Jenisch Haus 2002
Engelschall, Barbara, Armenische Brombeere und Prachthimbeere. Pflanzen aus der Baumschule Booth. Informationsblatt zur Ausstellung im Jenisch Haus 2002
George, Uwe, Regenwald. Vorstoß in das tropische Universum. Hamburg 1985
Goethe, Johann Wolfgang von, Italienische Reise, Bd. XI der Hamburger Ausgabe in 14 Bänden, hg. von Erich Trunz. München 1981
Griffiths, Mark, Orchideen. Illustrationen der Royal Horticultural Society London. Köln 2002
Hansen, Eric, Orchideenfieber. Die Geschichte einer Leidenschaft. Stuttgart 2002
Harvey, William Fryer, Der Mann, der Aspidistras hasste, in: Die Bestie mit den fünf Fingern. Zürich 1979
Hauschild, Stephanie, Die sinnlichen Gärten des Albertus Magnus. Ostfildern 2005
Henie, Joachim, Hyazinthengläser. Geschichte und Tradition. München 2000
Hesse, Hermann, Der Steppenwolf. Frankfurt a.M. 1974
Hielscher, Kej/Renate Hücking, Pflanzenjäger. In fernen Welten auf der Suche nach dem Paradies. München/Zürich 2004
Homann, Hermann (Hg.), Meuterei auf der Bounty, berichtet von Captain William Bligh. Tübingen/Basel 1973
Jenny, Matthias (Hg), Grünes Gold. Abenteuer Pflanzenjagd. Begleitheft zur Ausstellung im Palmengarten der Stadt Frankfurt a.M. Frankfurt a.M. 2001
(Katalog) Ein Hamburger sammelt in London. Die Freiherr J. H. von Schröder-Stiftung 1910, Katalog zur Ausstellung in der Hamburger Kunsthalle 1984. Hamburg 1984
(Katalog) Im Lichte Kaspar David Friedrichs. Frühe Freilichtmalerei in Dänemark und Norddeutschland, Katalog zur Ausstellung in der National Gallery of Canada, Ottawa, in der Hamburger Kunsthalle und im Thorwaldsens Museum, Kopenhagen 1999–2000. Hamburg 1999
Koppelmann, Stefan, Künstliche Paradiese. Gewächshäuser und Wintergärten des 19. Jahrhunderts. Berlin 1988
Krausch, Heinz-Dieter, »Kaiserkron und Päonien rot ...«. Entdeckung und Einführung unserer Gartenblumen. München/Hamburg 2003
Mollet, Corinne, Hortensien auswählen, pflanzen, pflegen. Stuttgart 2004
Marginter, Peter, Der Baron und die Fische. Stuttgart 1980
Modrow, Bernd/Claudia Gröschel, Fürstliches Vergnügen. 400 Jahre Gartenkultur in Hessen. Regensburg 2002
Petsch, Joachim, Eigenheim und gute Stube. Zur Geschichte des bürgerlichen Wohnens. Städtebau – Architektur – Einrichtungsstile. Köln 1989
Poppendieck, Hans-Helmut, Botanischer Garten der Universität Hamburg. Führer durch die Schaugewächshäuser. Hamburg 1993
Rees, Ronald, Interior Landscapes. Gardens and the Domestic Environment. Baltimore/London 1993
Reinhold-Postina, Eca/Nikolaus Heiss, Die Architektur der fünfziger Jahre. Darmstädter Architekturgeschichte Band 5. Darmstadt 1990
Rice, Anthony, Der verzauberte Blick. Das Naturbild berühmter Expeditionen aus drei Jahrhunderten. München 1999
Schneckenburger, Stefan, In tausend Formen magst du dich verstecken – Goethe und die Pflanzenwelt, Begleitheft zur Ausstellung im Palmengarten der Stadt Frankfurt am Main. Frankfurt a.M. 1998
Schneckenburger, Stefan, Carl Albert Purpus (1851–1941). Ein deutscher Pflanzensammler in Amerika. Darmstadt 2001
Selle, Gert, Die eigenen vier Wände. Zur verborgenen Geschichte des Wohnens. Frankfurt/New York 1993
Stuart, David, The Plants that shaped our Garden. Cambridge, Massachusetts 2002
Der Süden im Norden – Orangerien, ein fürstliches Vergnügen, hg. Staatliche Schlösser und Gärten Baden-Württemberg. Regensburg 1999
Swinson, Arthur/Frederick Sander: The Orchid-King. The Record of a Passion. London 1970
Thornton, Peter, Innenarchitektur in drei Jahrhunderten. Die Wohnungseinrichtung nach zeitgenössischen Zeugnissen von 1620–1920. Herford 1985
Wiegele, Miriam, Duftpelargonien. Anbau, Pflege, Sorten. Stuttgart 2000

Bildnachweis

Akg: 53, 54, 64; Bridgeman Art Library: Umschlagrückseite, 67, 74, 80, 81, 99; bpk-images: 21, 34, 50; Finken & Bumiller, Stuttgart: 11, 12, 18, 19, 20 links, 23, 25, 26, 30, 35, 40, 41 links oben, 57, 65, 68, 70, 71 oben, 72 links, 76, 78, 85, 87, 93, 102, 103, 104, 108, 109; Hessisches Landesmuseum, Darmstadt: 89; Historisches Museum, Frankfurt: 58; Kew Gardens, London: 71 unten; Mainfränkisches Museum, Würzburg: 42; Mauritius images: Umschlagvorderseite; Musée Baron Martin, Gray: 88; Nathalie Wolff: 48; Österreichische Nationalbibliothek, Wien: 22; Roland Rossner: 90; Statens Museum for Kunst, Kopenhagen: 7; Stephanie Hauschild: 41 links unten, 75, 77; Verlagsarchiv: übrige Abbildungen; Victoria & Albert Museum, London: 79; Württembergische Landesbibliothek, Stuttgart: 8, 9, 13, 14, 20 rechts, 24, 29, 31, 32, 37, 39, 41 rechts, 43, 45, 46, 47, 52, 56, 60, 61, 62, 63, 69, 73, 94 links, 95, 97, 101, 105, 107, 110; www.photocase.de: 84; www.pixelio.de: 15, 17, 51, 83, 94 rechts, 98, 100, 106.

Wir danken allen Rechteinhabern für die freundliche Genehmigung zum Nachdruck. Trotz nachdrücklicher Bemühungen ist es uns nicht gelungen, alle Rechteinhaber zu ermitteln. Wir bitten diese daher um Verständnis, wenn wir gegebenenfalls erst nachträglich eine Abdruckhonorierung vornehmen können.

Verlag und Autorin danken besonders Herrn Dr. Eberhard Zwink, dem Leiter der Abteilung Alte und Wertvolle Drucke der Württembergischen Landesbibliothek, Stuttgart, für seine fachkundige Unterstützung.